상속대전

상속대전

2021년 2월 17일 초판 1쇄 발행
2022년 7월 22일 초판 2쇄 발행

지 은 이 | 정인국·도정환·나현·이영욱
발 행 인 | 이희태
발 행 처 | 삼일인포마인
등록번호 | 1995. 6. 26. 제3-633호
주   소 | 서울특별시 용산구 한강대로 273 용산빌딩 4층
전   화 | 02)3489-3100
팩   스 | 02)3489-3141
가   격 | 18,000원

ISBN 978-89-5942-932-5 13320

상속이라는 힘든 싸움에서 이기기 위한
51가지 전략

상속대전

정인국 · 도정환 · 나현 · 이영욱 공저

SAMIL | 삼일인포마인

최근 상속에 대한 관심이 부쩍 늘고 있습니다

얼마 전 사망한 삼성그룹 이건희 회장 일가가 내야 할 상속세가 11조 원 이상이라는 언론보도가 나오면서 상속세에 대한 세간의 관심이 더 높아졌습니다. 이 금액은 2019년도에 우리나라에서 징수된 상속세 총액의 3배에 이르는 금액이라고 합니다. 20조 원 정도로 평가되는 상속재산에 11조 원이 넘는 금액을 상속세로 부과하는 것이 합당한지도 논란이 되고 있습니다.

상속세는 돈 많은 일부 부유층만 내는 세금이라는 것이 일반적인 인식이었습니다. 하지만 최근 부동산 가격이 폭등하면서 시가 10억 원을 넘는 주택을 소유하기만 해도 상속 문제에서 벗어날 수 없게 되었습니다. 상속세가 존재하지 않는 나라로 이주할 것이 아니라면, 일반 국민에게도 이제 상속세 문제는 피할 수 없는 현실입니다.

이 책에서는 상속 관련하여 놓쳐서는 안 될 내용 위주로
51개의 전략을 제시하고 있습니다

이 책은 저자들의 다양한 실무경험과 연구 등을 통해 얻어낸 지식을
바탕으로 한 결과물입니다. 저자들이 상속 내지 증여와 관련한 다양한
사건들을 처리하면서 많은 데이터가 축적되었습니다. 이에 가장 흔히
발생하고 실무상 쟁점이 되는 내용들을 일반 독자들이 이해할 수 있도
록 51개의 사례로 재구성하여 책에 녹여냈습니다.

책의 내용은 상속, 증여, 유언의 3개 분야로 나누어집니다. 법률 파
트는 정인국 변호사, 세금 파트는 도정환·나현 회계사가 집필하였고,
이영욱 변호사가 삽화와 전반적인 검토를 담당했습니다.

독자들께서는 책의 순서대로 찬찬히 읽으셔도 좋고, 목차를 먼저 훑
어보면서 관심 가는 사례 위주로 골라 읽으셔도 좋습니다.

상속 문제는 장기간에 걸쳐 차근차근 준비해야 합니다

당부드리자면, 절세전략을 포함하여 상속 관련 이슈는 절대로 단기간에 해결할 수 없습니다. 요술방망이 같은 전략은 존재하지도 않을뿐더러, 무언가 기묘한 테크닉을 쓴다고 해도 과세당국 혹은 법원에 의해 부인될 가능성이 높습니다. 이 경우 세무조사, 조세심판, 소송으로 이어지는 긴 불복절차를 통해 오히려 시간과 비용만 더 들어가게 됩니다.

피상속인의 사망 후 불필요한 분쟁을 피하기 위해서는 생전에 충분한 시간을 두고 장기적인 플랜을 마련해야 합니다. 피상속인과 상속인 간의 관계, 상속인들 서로의 관계, 피상속인이 보유한 재산의 규모와 성격 등 각자가 처한 상황에 따라 최적의 상속 플랜은 달라질 수밖에 없습니다. 법률전문가, 세무전문가의 조력이 필요한 부분입니다.

상속 관련해서 저자들과의 논의의 창은 활짝 열려 있습니다

이 책의 내용에 대한 질의뿐만 아니라, 상속 및 증여 관련한 다양한 자문 요청 역시 환영합니다. 도움이 필요하다면 언제든지 정인국 변호사, 도정환 회계사, 나현 회계사, 이영욱 변호사에게 연락주시기 바랍니다.

마지막으로, 한서회계법인의 김영린 대표님을 비롯하여 이 책을 발간하는데 도움을 주신 모든 분들께 감사의 마음을 전합니다.

2021년 1월, 깊어가는 어느 겨울날에

Contents

Contents

증여편
세금

Chapter 01

상속편

세금

가업상속공제 성공!!!

칫~!

01. 동일한 금액의 상속재산, 나눠 가지는 자녀가 많으면 많을수록 상속세는 줄어들까?

성실의 아내는 작은 사업가인 성실의 성공을 위해 일생을 바쳤다. 늘 아내에게 고맙고 미안해 하던 성실은 나이 일흔이 되자 모든 사업을 정리하고 시간 날 때마다 부인과 함께 여행을 다니기 시작했다. 그러나 하늘은 그들에게 행복한 시간을 오래 허락하지 않았다. 그날도 부인과 함께 거제시로 여행을 떠났던 성실 씨 부부는, 집으로 돌아오는 길에 고속도로에서의 빗길사고로 즉사하고 말았다.

부모님의 성품을 닮아 서로를 배려하며 살던 성실의 두 형제는 성실이 남긴 재산 25억 원을 똑같이 12.5억 원씩 나눠 가지면서 상속세도 똑같이 분담하기로 합의했다. 5억 원까지는 상속공제가 된다는 것을 알고 있었던 자녀들은 12.5억 원 중 2.5억 원을 제외한 잔액 10억 원에 대해서 30%의 상속세율을 적용하여 계산한 금액 2억 4천만 원(누진공제 6천만 원)을 상속세로 납부하여야 한다고 생각하였다.

상속세신고를 하기 위해 한서회계법인을 찾은 두 형제는 납부하여야 하는 상속세가 총 4억 8천만 원이 아니라 6억 4천만 원이라는 이야기를 듣게 된다. 어떤 이유로 상속세가 1억 6천만 원이나 올라간 걸까?

우리나라의 상속세와 증여세는 일반 소득세와 마찬가지로 금액이 커지면 커질수록 높은 세율을 적용하는 누진세구조를 취하고 있는데, 상속세 계산은 다음과 같이 이루어진다.

상속세 계산 흐름도

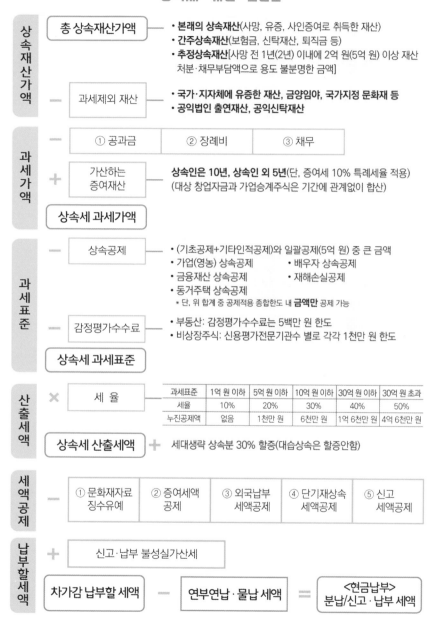

| 상속재산가액 | 총 상속재산가액 | • **본래의 상속재산**(사망, 유증, 사인증여로 취득한 재산)
• **간주상속재산**(보험금, 신탁재산, 퇴직금 등)
• **추정상속재산**[사망 전 1년(2년) 이내에 2억 원(5억 원) 이상 재산
 처분·채무부담액으로 용도 불분명한 금액] |
| | − 과세제외 재산 | • **국가·지자체에 유증한 재산, 금양임야, 국가지정 문화재 등**
• **공익법인 출연재산, 공익신탁재산** |

과세가액	−	① 공과금	② 장례비	③ 채무
	+ 가산하는 증여재산	**상속인은 10년, 상속인 외 5년**(단, 증여세 10% 특례세율 적용) (대상 창업자금과 가업승계주식은 기간에 관계없이 합산)
	상속세 과세가액

과세표준	− 상속공제	• (기초공제+기타인적공제)와 일괄공제(5억 원) 중 큰 금액 • 가업(영농) 상속공제　　　• 배우자 상속공제 • 금융자산 상속공제　　　• 재해손실공제 • 동거주택 상속공제 　* 단, 위 합계 중 공제적용 종합한도 내 **금액만** 공제 가능
	− 감정평가수수료	• 부동산: 감정평가수수료는 5백만 원 한도 • 비상장주식: 신용평가전문기관수 별로 각각 1천만 원 한도
	상속세 과세표준

산출세액	× 세 율	과세표준	1억 원 이하	5억 원 이하	10억 원 이하	30억 원 이하	30억 원 초과
		세율	10%	20%	30%	40%	50%
		누진공제액	없음	1천만 원	6천만 원	1억 6천만 원	4억 6천만 원
	상속세 산출세액 +	세대생략 상속분 30% 할증(대습상속은 할증안함)

| 세액공제 | − | ① 문화재자료 징수유예 | ② 증여세액 공제 | ③ 외국납부 세액공제 | ④ 단기재상속 세액공제 | ⑤ 신고 세액공제 |

| 납부할세액 | + | 신고·납부 불성실가산세 |
| | 차가감 납부할 세액 | − 연부연납·물납 세액 | = <현금납부> 분납/신고·납부 세액 |

성실 씨의 두 아들은 장례비와 신고세액공제를 고려하지 않은 상황에서, 위의 계산흐름에 따라 다음과 같이 상속세를 계산한 것이다.

구 분	형	동생	합 계
상속재산(과세가액)	12.5억 원	12.5억 원	25억 원
일괄공제	(-)2.5억 원	(-)2.5억 원	(-)5억 원
과세표준	10억 원	10억 원	10억 원
한계세율	30%	30%	
누진공제	(-)0.6억 원	(-)0.6억 원	
산출세액	2.4억 원	2.4억 원	4.8억 원

그렇다면, 위의 계산방식에서 무엇이 잘못된 것일까?

상속세를 부과하는 방법은 크게 두 가지가 있는데, 하나는 각 상속인이 받은 상속재산에 대해서 개별적으로 상속세를 계산하는 방법(유산취득세 과세방식)이고, 다른 하나는 피상속인(망인)의 모든 상속재산에 대해서 상속세를 먼저 계산한 후 각 상속인에게 상속세를 배분하는 방법(유산세 과세방식)이다.

두 가지의 상속세 과세방법 중에서 우리나라는 후자, 즉 유산세 과세방식을 취하고 있다. 유산세 과세방식을 적용하게 되면 상속재산이 합산되어 상속세가 과세되므로, 더 높은 상속세율이 적용된다.

성실 씨의 자녀들은 유산취득세 과세방식으로 계산을 하였는데, 유산세 과세방식으로 상속세를 계산하게 되면 다음과 같이 상속세는 증가하게 된다.

구 분	유산세 과세방식	유산취득세 과세방식	차이 금액
상속재산(과세가액)	25억 원		
일괄공제	(-)5억 원		
과세표준	20억 원		
한계세율	40%		
누진공제	(-)1.6억 원		
산출세액	6.4억 원	4.8억 원	1.6억 원

유산취득세 과세방식으로 상속세를 계산할 경우 두 형제 각각에게 적용되는 최고의 상속세율(한계세율)은 30%이지만, 유산세 과세방식을 적용할 경우에는 40%의 상속세율이 적용되므로 1억 6천만 원의 세금이 증가하게 되는 것이다.

따라서 상속인 입장에서는 유산취득세 과세방식보다 유산세 과세방식을 적용하는 것이 보다 불리하게 된다.

다만, 상속세를 계산할 때 배우자가 실질적으로 얼마의 상속재산을 배분받았는지, 배우자의 법정상속분이 얼마인지에 따라 배우자공제금액이 달라지고 그 금액이 상속세 계산에 직접적으로 영향을 미치기 때문에, 적용받을 수 있는 배우자공제를 고려하여 상속재산분할을 결정하여야 한다.

어렸을 적 가난하게 지내온 나성실 씨는 평소 열심히 일하고 근검절약하여 30억 원의 재산을 모았다. 부인은 10년 전 병으로 사망하였지만, 3명의 자녀는 바르고 건강하게 성인으로 자라주었다. 그런 자식들이 너무 기특하였고, 성인이 되어서 종잣돈을 가지고 시작하는 것과 그렇지 않은 것은 큰 차이가 있기 때문에 그동안 모은 전 재산 30억원을 공평하게 10억 원씩 나누어주었다. 자식들은 모두 각자 받은 10억 원에 대한 증여세도 냈다.

증여 후 9년 뒤 나성실 씨는 간암으로 사망하였다. 이미 사전에 전 재산을 자식들에게 나누어주어서 사망 당시에 나성실 씨가 남겨놓은 재산은 없었다. 3명의 자녀들은 상속재산이 없기 때문에 납부할 상속세도 당연히 없으리라고 생각하였다.

본인들의 생각이 맞는지 확인하기 위해 한서회계법인을 찾은 자녀들은 상속세를 1억 6천 5백만 원만큼 추가로 납부해야 한다는 이야기를 듣게 된다. 상속재산이 없는데 왜 상속세를 납부해야 할까?

우리나라의 경우 다음과 같이 상속세율과 증여세율이 동일하며, 모두 재산이 많을수록 더 많은 세율이 적용되는 누진세율이다.

과세표준	세 율	누진공제
1억 원 이하	10%	–
5억 원 이하	20%	1천만 원
10억 원 이하	30%	6천만 원
30억 원 이하	40%	1억 6천만 원
30억 원 초과	50%	4억 6천만 원

그런데 증여세와 상속세의 과세방식이 다르다. 즉, 증여세는 생전에 재산을 나누어주는 것으로 각각 증여받은 재산을 기준으로 세금을 계산하는 '유산취득세 과세방식'을 적용하지만, 상속세는 '유산세 과세방식'을 적용하여 피상속인의 재산을 합산해 세율을 매기기 때문에 증여받은 재산을 대상으로 세율을 매기는 증여세보다 더 높아진다.

그래서 상속인들은 더 낮은 세율을 적용하기 위해 미리 증여를 받고 상속세를 회피할 가능성이 항상 존재한다. 이러한 편법을 없애기 위해 상속세 계산 시 상속개시일로부터 10년 이내(상속인 외의 자의 경우 5년 이내)에 증여받은 재산이 있으면 이를 합산하여 상속세를 계산한다.

📖 상속세 및 증여세법 제13조
① 상속세 과세가액은 상속재산의 가액에서 제14조에 따른 것을 뺀 후 다음 각 호의 재산가액을 가산한 금액으로 한다.
1. 상속개시일 전 10년 이내에 피상속인이 상속인에게 증여한 재산가액
2. 상속개시일 전 5년 이내에 피상속인이 상속인이 아닌 자에게 증여한 재산가액

증여세는 다음과 같은 흐름에 따라 계산되는데, 나성실 씨의 자녀들의 경우 상속세와 증여세가 얼마나 차이날까?

먼저 다른 공제가 없고 신고세액공제를 적용하지 않는다고 가정할 경우, 나성실 씨의 세 자녀 각자가 납부한 증여세와 총 증여세는 다음과 같이 계산된다.

구 분	각자의 증여세	인원 수	증여세 합계
증여재산(과세가액)	10억 원		
증여공제	(-)5천만 원		
과세표준	9억 5천만 원		
한계세율	30%		
누진공제	(-)6천만 원		
산출세액	2억 2천 5백만 원	3인	6억 7천 5백만 원

만약, 세 자녀가 사전에 증여를 받지 않았다면 납부하여야 하는 상속세는 다음과 같다.

구 분	상속세	비교) 증여세 합계	차이 금액
상속재산(과세가액)	30억 원		
일괄공제	(-)5억 원		
과세표준	25억 원		
한계세율	40%		
누진공제	(-)1억 6천만 원		
산출세액	8억 4천만 원	6억 7천 5백만 원	1억 6천 5백만 원

사전에 증여가 없었다면 상속재산에 대해서 40%의 한계세율이 적용되었겠지만, 증여세는 각자가 받은 재산에 대해서 세금이 계산되므로 30%의 한계세율이 적용되었기 때문에 결과적으로 증여세가 1억 6천 5백만 원만큼 적어지게 된 것이다.

이러한 편법을 방지하기 위하여 상속인의 경우는 10년 이내의 증여재산을, 상속인 외의 경우에는 5년 이내의 증여재산을 합산하여 상속세를 계산하는 것이다.

　한편, 증여세를 납부한 증여재산을 상속세를 계산할 때 다시 합산한다면 동일한 재산에 대해서 상속세와 증여세를 모두 납부하는 이중과세의 문제가 있지 않을까? 있다. 그래서 상속세를 계산할 때에는 사전 증여재산을 합산하여 상속세를 계산한 후에 증여재산에 대해 납부한 증여세를 공제하여 이중과세의 문제를 해결하고 있다.

　다만, 이미 납부한 증여세는 증여재산이 상속세 산출세액에서 차지하는 비중만큼을 한도로 하여 공제하기 때문에 경우에 따라서는 일부만 공제될 수도 있다는 사실을 유의하여야 한다.

증여세 계산 흐름도(일반세율)

증여세 과세가액	증여재산가액 (§31~§42)		• 국내외 모든 증여재산으로 증여일 현재의 시가로 평가 ※ 비거주자는 국내 소재한 증여재산이 과세대상임
	비과세재산 (§46) 불산입 재산 (§48)		• 사회통념상 인정되는 피부양자의 생활비, 교육비 등 • 공익법인 등에 출연한 재산
	−	채 무 액	증여재산에 담보된 채무인수액(임대보증금, 금융기관채무 등)
	+	증여재산 가산액 (§47 ②)	• 당해 증여일 전 10년 이내에 동일인으로부터 받은 증여재산 가액의 합계액이 1천만원 이상인 경우 그 가액을 가산 ※ 동일인 : 증여자가 직계존속인 경우 그 배우자 포함
	증여세 과세가액 (§47)		

과세표준	−	증여재산공제(§53) 재해손실공제(§54)	• 배우자 6억원, 직계존비속 5천만원(미성년자 2천만원), 기타친족 1천만원 ※ 증여재산공제 공제는 10년간 위 금액이 공제됨, 비거주자는 공제안됨 • 신고기한 이내에 재난으로 멸실 · 훼손된 손실가액
	−	감정평가수수료 (상증령§46의2)	부동산 감정평가 수수료는 5백만원 한도 등
	증여세 과세표준 (§55)		• 명의신탁 재산 : 신탁재산 − 감정평가수수료 • 합산배제 증여재산 : 증여재산 − 3천만원 − 감정평가수수료

산출세액 × 세 율(§56)

과세표준	1억 이하	5억 이하	10억 이하	30억 이하	30억 초과
세 율	10%	20%	30%	40%	50%
누진공제액	없음	1천만 원	6천만 원	1억 6천만 원	4억 6천만 원

증여세 산출표준 + 세대생략 증여시 30%할증(직계비속 사망시 할증안함) (§57)

세액공제 −

① 문화재자료 징수유예(§75)	② 기납부 세액공제(§58)	③ 외국납부 세액공제(§59)	④ 신고 세액공제(§69)	⑤ 그 밖의 공제 · 감면세액

납부할세액 + 신고 · 납부 불성실가산세 — 공익법인 관련 가산세(§78)

차가감 납부할 세액 − 연부연납 · 물납 세액 = 〈 현금납부 〉
분납 / 신고납부 세액

03. 동일한 상속재산, 누구는 상속세를 내고 누구는 안 내고?

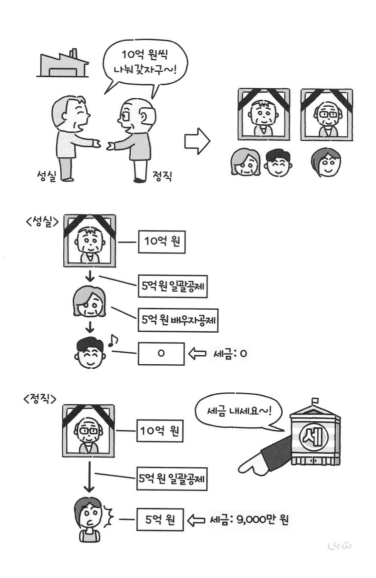

신발공장을 성공적으로 운영하던 성실, 정직 형제는 노후에 편안히 쉬기 위해 신발공장을 20억 원에 정리하고 반씩 나누어 가졌다. 은퇴 기념으로 형제가 여행을 다녀오던 길에 교통사고로 사망하고 만다. 성실과 정직 형제는 한 명씩의 자녀가 있었고, 정직의 부인은 3년 전 암으로 세상을 떠난 상태였다.

성실과 정직의 가족들은 10억 원씩 동일한 금액을 상속받았다. 그런데 두 가족의 상속세는 완전히 달랐다. 성실의 가족은 납부하여야 할 상속세가 없었지만, 정직의 가족은 9천만 원의 상속세를 납부하여야 했다. 동일한 금액을 상속받았는데, 누구는 상속세를 내고 누구는 안 내고 어떻게 이럴 수 있을까?

상속세는 상속받는 재산 전체에 대해 내는 것이 아니다. 상속인들이 피상속인이 사망한 후 좀 더 안정적인 생활을 할 수 있도록 '상속공제'라는 제도를 통해 일정 부분 상속세를 깎아주고 있다.

상속공제는 다음과 같이 일괄공제, 배우자공제, 금융재산공제, 동거주택공제, 재해손실공제 등이 있는데, 무한정 인정되는 것이 아니라 일정 한도까지만 인정된다.

예를 들어, 배우자와 자녀가 생존하고 있음에도 불구하고 피상속인이 유언 등을 통해 모든 재산을 손자에게 물려주기로 한 경우에는 상속공제의 한도가 '0'이 되어 상속공제를 적용받을 수 없게 되므로 상속공제를 적용할 때 그 금액이 한도를 넘지 않는지 세심한 주의가 필요하다.

상속공제		공제금액	비 고
1. 일괄공제	(1) 기초공제 + (2) 기타인적공제	5억 원	
2. 배우자 상속공제	배우자가 받는 상속재산이 5억 원 이상인 경우	Min[실제 상속받은 가액, 상속재산가액 × 법정상속분]	30억 원 한도
	배우자가 받는 상속재산이 5억 원에 미달하는 경우	5억 원	
3. 금융재산 상속공제	순금융재산이 2천만 원을 초과하는 경우	Max[순금융재산 × 20%, 2천만 원]	2억 원 한도
	순금융재산이 2천만 원에 미달하는 경우	순금융재산 전액	
4. 동거주택상속공제		주택가액의 80%	5억 원 한도
5. 재해손실공제		화재, 자연재해 등으로 인한 손실액	보험금 등은 차감

기초공제와 기타인적공제를 합한 금액이 5억 원에 미달할 경우에는 일괄공제로서 5억 원을 적용하며, 5억 원을 초과할 경우에는 그 초과하는 금액을 적용할 수 있다. 다만, 일괄공제는 주로 배우자 외의 자녀 등에 대한 공제이므로 피상속인이 자녀가 없어서 배우자가 단독상속인이 되는 경우에는 일괄공제를 적용받을 수 없다는 것을 주의하여야 한다.

기초공제와 기타인적공제는 다음과 같이 계산된다.

상속공제		공제금액	비 고
(1) 기초공제	기초공제액	2억 원	
	가업상속공제액	가업상속재산가액	200~500억 원 한도
	영농상속공제액	영농상속재산가액	15억 원 한도
(2) 기타 인적공제	자녀공제	자녀 수 x 5천만 원	
	미성년자공제	미성년자 수 x 1천만 원 x 19세까지 잔여연수	
	연로자공제	연로자 수 x 5천만 원	65세 이상
	장애인공제	장애인 수 x 5백만 원 x 기대여명 연수	

성실, 정직 형제의 경우를 살펴보자.

성실의 가족은 부인이 살아있으므로, 위 표에 나와 있듯이 최소 5억 원의 일괄공제와 5억 원의 배우자공제를 추가로 받을 수 있다. 따라서 성실의 가족은 10억 원을 상속받았지만, 최소 10억 원의 상속공제를 적용받으므로 상속세를 내지 않아도 된다.

반면에 정직의 가족은 부인이 이미 사망하였으므로 상속공제 중 배우자공제를 받을 수 없고, 5억 원의 일괄공제만 받을 수 있으므로 10억 원의 상속재산 중 5억 원의 일괄공제를 차감한 잔액 5억 원에 대하여 상속세 9천만 원을 납부하여야 하는 것이다.

정리하면, 보통 상속이 개시되었을 때 배우자와 자녀가 있으면 최소 10억 원의 상속공제가 된다. 즉, 10억 원까지는 상속세를 내지 않아도 된다는 이야기이다. 따라서 자신의 재산이 10억 원 이하이면 상속세에 대해 크게 걱정하지 않아도 되지만, 10억 원이 넘어가면 사전증여를 통해 상속세를 줄여나가는 것이 현명한 방법이 된다.

최근에 상속세신고업무에 대한 의뢰가 과거에 비해 무척 증가하고 있는데, 그 이유는 재산가의 사망이 늘어나서라기보다는 부동산가격이 급격하게 상승하여 10억 원이 넘는 아파트가 과거에 비해 훨씬 많아졌기 때문으로 보인다. 따라서 과거에는 소위 재산가만이 상속을 준비해야 했지만, 최근에는 대도시 내에 아파트 1채만 있어도 상속을 미리 준비해야 하는 시대가 된 것이다.

물론 사전에 증여를 하더라도 상속 시에 사전증여 금액을 상속재산에 합산하지만, 상속개시일로부터 10년 이내의 증여(단. 상속인 외의 자에게 증여한 경우 5년 이내의 증여)만 합산된다. 그러므로 10억 원 이상의 재산을 가진 사람은 좀 더 장기적인 계획을 가지고 상속을 준비하는 것이 힘들게 모은 내 재산을 지키는 현명한 길이다.

또한 증여세의 경우에도 다음과 같은 '증여재산공제'를 통해 일정 금액까지 증여세 부담을 감소시켜 주고 있다.

증여자	증여재산공제액
배우자	6억 원
직계존속	5천만 원(미성년자가 수증자일 경우 2천만 원)
직계비속	5천만 원
6촌 이내 혈족 또는 4촌 이내 인척	1천만 원

참고로 직계존속이라 함은 부모님, 친조부모, 외조부모 등을 모두 합친 개념이다. 따라서 성년자가 아버지로부터 5천만 원을 증여받고 10년 내에 할아버지로부터 5천만 원을 증여받을 경우 직계존속에 대한 증여재산공제는 5천만 원만 적용되므로, 아버지로부터 증여받은 5천만 원은 증여세를 부담하지 않지만 할아버지로부터 받은 5천만 원에 대해서는 증여세를 납부해야 한다.

우리의 일상생활에 없어서는 안 되는 필수품 중 하나인 손톱깎이!

그 세계 1위 손톱깎이 제조회사가 우리나라의 "쓰리쎄븐(777)"이다. 쓰리쎄븐은 손톱깎이 분야 세계 1위 업체로도 유명하지만, 중소기업 수준의 기업인데도 세계 최대 항공기 제조사인 보잉사와의 '777' 상표분쟁에서 이겨 유명세를 타기도 했다.

이렇듯 쓰리쎄븐은 세계에서 인정받는 강소기업이었지만, 그 영광은 이제 막을 내렸다. 그 이유는 감당하지 못할 정도의 상속세 때문이었다.

창업주인 고 김형주 회장은 2006년 크레아젠이라는 회사를 인수하면서 자신이 보유한 크레아젠 주식 약 204만 주(약 370억 원)를 크레아젠 임직원 등에게 증여하였다. 그로부터 2년 후인 2008년 김형주 회장은 갑자기 별세하였다. 그의 가족들은 김회장이 크레아젠 임직원에게 생전에 증여한 주식 때문에 150억 원의 상속세를 추가로 부담해야 했다.

너무나 어이 없는 일이지만 김회장의 가족들은 상속세를 내기 위해 회사를 매각해야 했다. 상속인들이 증여받은 것도 아닌데, 왜 김회장의 가족들이 상속세를 150억 원이나 추가로 부담해야 할까?

우리는 앞선 사례에서 상속인들이 상속세를 줄이기 위해 사전증여를 하는 것을 막고자, 상속개시일로부터 10년 이내에 증여받은 재산이 있으면 이를 합산하여 상속세를 계산한다는 것을 알았다.

그러면 상속인이 아닌 타인에게 증여한 것은 어떻게 될까? 이 경우에도 상속인에게 증여한 것보다 짧은 기간이기는 하지만, 5년 이내에 타인에게 증여한 재산이 있으면 이를 합산하여 상속세를 계산한다.

📖 상속세 및 증여세법 제13조

① 상속세 과세가액은 상속재산의 가액에서 제14조에 따른 것을 뺀 후 다음 각 호의 재산가액을 가산한 금액으로 한다.
1. 상속개시일 전 10년 이내에 피상속인이 상속인에게 증여한 재산가액
2. 상속개시일 전 5년 이내에 피상속인이 상속인이 아닌 자에게 증여한 재산가액

쓰리쎄븐의 경우에도 김회장이 크레아젠 임직원에게 증여한 후 5년이 지나기 전에 사망하였으므로, 이는 모두 상속재산에 포함된다. 또한 증여한 주식 370억 원이 상속재산에 포함되면, 상속세 과세표준은 30억 원을 초과하여 50%의 최고 상속세율이 적용된다.

증여받은 크레아젠의 임직원들은 대부분 10%의 세율로 증여세를 부담하였을 것이므로 40%의 차액에 대해서 김회장의 상속인들이 그 차액을 부담해야 하는 것인데, 그 차액은 다음과 같이 계산된다.

구 분	임직원들의 총 증여세	상속세	차이 금액
재산가액	370억 원	370억 원	
세율	10%	50%	
산출세액	37억 원	185억 원	148억 원

김회장의 상속인들은 상속재산에 합산된 증여재산에 대해서 185억 원의 세금을 납부해야 하지만, 크레아젠의 임직원들이 납부한 증여세를 공제받아 추가적으로 148억 원의 추가 세금을 납부해야 했다.

상속세 과세표준이 30억 원을 초과할 경우 상속세 최고세율인 50%가 적용되지만, 상속인 외의 자에게 5년 내에 사전증여가 있을 경우 그 실질세율은 50%를 훨씬 초과하게 된다. 예를 들어, 김회장이 상속인들에게 남긴 상속재산이 300억 원이었다고 가정했을 때 상속인들이 추가로 납부하여야 하는 상속세와 실제로 받은 상속재산 대비 실질 상속세율은 아래의 표와 같다.

구 분	상속세
상속재산	300억 원
사전증여	370억 원
상속세과세가액	670억 원
일괄공제	(−)5억 원
배우자공제(최대 가정)	(−)30억 원
금융재산공제(최대 가정)	(−)2억 원
상속세과세표준	633억 원
세율	50%
누진공제	(−)4억 6천만 원
상속세산출세액	311억 9천만 원
증여세액공제	(−)37억 원
납부세액(신고세액공제 미고려)	274억 9천만 원
실질 상속세율	274.9억 원/300억 원(고유상속재산)=91.6%

위의 계산 사례에서 볼 수 있듯이 김회장의 상속인들이 300억 원의 상속재산을 물려받았을 경우 추가로 납부하여야 하는 상속세는 274억 9천만 원이 된다. 즉, 물려받은 상속재산의 대부분을 상속세로 납부해야 되는 상황인 것이다.

결국 김형주 회장의 자녀들은 조금은 억울한 상속세 때문에 아버지가 평생을 바쳐 일궈놓은 회사를 매각할 수밖에 없었다.

위와 같이 제3자에게 증여한 재산까지 상속재산으로 포함된다는 것은 상속인들에게 너무 가혹한 일이 될 수 있다. 그렇다면 상속인 외의 자에 대한 증여재산도 합산하는 상속세의 계산구조는 상속인들에게 과도한 부담을 지게 할 수도 있으므로 위헌소지가 있는 것이 아닐까?

이에 대해 헌법재판소는 다음과 같이 위헌이 아니라고 판단하였다.

이 사건 법률조항의 입법취지는 피상속인이 생전에 증여한 재산의 가액을 가능한 한 상속세 과세가액에 포함시킴으로써 조세부담에 있어서의 상속세와 증여세의 형평을 유지함과 아울러 피상속인이 사망을 예상할 수 있는 단계에서 장차 상속세의 과세대상이 될 재산을 상속개시 전에 상속인 이외의 자에게 상속과 다름없는 증여의 형태로 분할, 이전하여 누진세율에 의한 상속세 부담을 회피하려는 부당한 상속세 회피행위를 방지하고 조세부담의 공평을 도모하기 위한 것이라는 점에서 그 목적의 정당성이 인정되고, 이러한 입법목적을 달성하기 위해서 생전증여재산 가액을 상속재산 가액에 가산함으로써 정당한 누진세율의 적용을 받도록 하는 것은 적절한 수단이라고 볼 수 있으며,

증여의 목적이나 경위를 따짐이 없이 일정한 기간 내의 증여에 대하여는 이를 모두 상속재산 가액에 가산하도록 하되 사후적 구제조항으로서 상속재산 가액에 합산되는 증여재산에 대한 증여세액을 상속세 산출세액에서 공제하고 있는 것은 일응 불가피한 필요, 최소한의 조치라고 할 수 있을 뿐만 아니라, 이로 인하여 제한되는 상속권 내지 재산권이 위 입법목적에 의하여 보호되는 공익보다 더 중요하다고 보여지지도 아니한다.

또한, 상속세의 공공성 및 공익성, 국세기본법상 국세부과의 제척기간 등 다른 조세관련 법률에서 정한 기간과의 균형 등을 참작하면, 이 사건 법률조항의 5년이라는 기간은 합리적 재량의 범위를 일탈하였다고 볼 만한 사정이 없으므로 이 사건 법률조항은 재산권을 침해하지 않는다.

나성실 씨는 한국에서 가장 규모가 큰 벤처캐피탈회사 (주)한국인베스트먼트의 회장이다. 회사가 운영하는 자금은 20조 원에 달하며, 투자한 회사만 800개가 넘는다.

최근에 나성실 씨의 아버지가 지병인 위암으로 사망하여 장례를 치르게 되었는데, 우리나라 최대 규모의 장례식장에 차려진 빈소에는 조화를 둘 자리가 없어 조화에 붙어 있던 리본만 떼어서 빈소와 그 주위에 걸어두었다. 더군다나 빈소를 찾은 수많은 문상객 때문에 장례식장 앞의 도로만 교통경찰이 출동할 정도로 교통이 마비되었고, 문상객들은 방명록을 작성하고 부의금을 지급하기 위해서 30분 이상 긴 줄을 서야 했다. 장례절차를 통해서 문상객으로부터 받은 부의금은 총 5억 원에 달하였다. 나성실 씨는 부의금 5억 원을 상속재산에 포함하여 신고하여야 할까?

우선 부의금이 상속재산에 포함되는지를 결정하기 전에 문상객으로부터 받은 부의금이 누구의 것인지를 결정할 필요가 있다. 이와 관련한 질의에 대해 국세청은 다음과 같이 부의금은 피상속인이 아니라 상속인에게 귀속된다고 회신하였다.

📖 예규【서면4팀-358, 2005. 3. 10.】

상속재산에는 피상속인에게 귀속되는 재산으로서 금전으로 환가할 수 있는 경제적 가치가 있는 모든 물건과 재산적 가치가 있는 법률상 또는 사실상의 모든 권리를 포함하는 것이며, 피상속인의 사망으로 인하여 문상객으로부터 받은 부의금은 피상속인에게 귀속되는 재산에 해당하지 아니함.

이 경우 당해 부의금은 상속인이 문상객으로부터 증여받은 재산에 해당할 수 있으나, 사회통념상 통상 필요하다고 인정되는 금품에 해당하는 경우에는 증여세가 비과세됨.

일반적으로 문상객은 망인(피상속인)보다는 상주 등을 보고 빈소를 찾는 경우가 많기 때문에, 부의금의 소유권이 망인에게 있지 않다는 국세청의 판단은 합리적이다.

그런데 문상객으로부터 받은 부의금 5억 원을 통장에 입금할 경우 그에 대한 증여세 이슈는 없을까?

위의 관련 국세청 예규에서 그 부의금의 규모가 사회통념상 통상 필요하다고 인정되는 금품에 해당하는 경우에는 증여세과 비과세된다고 규정하였다. 그렇다면 사회통념상 통상 필요하다고 인정되는 금품은 어느 정도일까?

부의금이나 축의금은 일종의 상호부조와 관련된 것으로서 실제로 본인이 과거에 지출했거나 미래에 지출할 금액만큼 받는다고 보는 것이 합리적이고, 그 금품의 정도는 상주 등의 연령, 사회적인 지위 등을 모두 고려하여야 하므로 일률적으로 정할 수는 없을 것이다.

한편, 장례식이 아니라 결혼식에서 받는 축의금은 누구의 소유일까? 그리고 그 축의금에 대해서도 증여세가 비과세되는 것일까?

이와 관련하여 행정법원에서는 다음과 같이 결혼축의금이란 혼주에게 귀속된다고 판시하였으며, 과세관청에서는 가사용품에 한정된 혼수용품이나 결혼축의금은 부의금과 마찬가지로 사회통념상 통상 필요하다고 인정되는 금품에 해당하는 경우에는 증여세가 비과세되는 것으로 보고 있다.

 판례【서울행법 99구928】

결혼축의금이란 우리사회의 전통적인 미풍양속으로 확립되어 온 사회적 관행으로서 혼사가 있을 때 일시에 많은 비용이 소요되는 혼주인 부모의 경제적 부담을 덜어주려는 목적에서 대부분 그들과 친분관계에 있는 손님들이 혼주인 부모에게 성의의 표시로 조건없이 무상으로 건네는 금품을 가리킨다고 할 것인바, 그 교부의 주체나 교부의 취지에 비추어 이 중 신랑, 신부인 결혼당사자와의 친분관계에 기초하여 결혼당사자에게 직접 건네진 것이라고 볼 부분을 제외한 나머지는 전액 혼주인 부모에게 귀속된다고 봄이 상당하다.

예규【서면4팀-1642, 2005. 9. 12.】

상속세 및 증여세법 시행령 제35조 제4호에 규정하는 통상 필요하다고 인정되는 혼수용품은 일상생활에 필요한 가사용품에 한하며, 호화·사치용품이나 주택·차량 등을 포함하지 아니하며, 결혼축의금이 누구에게 귀속되는지 등에 대하여는 사회통념 등을 고려하여 구체적인 사실에 따라 판단하는 것임.

서울의 한 사학재단 설립자인 김검소 씨는 몇 채의 부동산을 소유한 재력가였지만, 평소에 종이 한 장도 낭비하지 않을 정도로 검소한 생활을 해 왔다. 은행을 신뢰하지 않아 은행거래를 하지 않았던 김검소 씨는 돈이 모이면 예금을 하지 않고 금괴로 바꿔 장롱 밑에 숨겨두었는데 김검소 씨가 지병으로 사망할 때까지 숨겨둔 금괴는 총 130개였다. 그런데 김검소 씨는 금괴의 존재에 대해 가족 누구에게도 알리지 않아 금괴는 상속재산에서 누락된 채 상속세신고가 마무리되었다.

그리고 11년이 흘렀다. 김검소 씨가 금괴를 숨겨두었던 주택건물에 원인 모를 화재가 발생하였는데, 피해규모는 크지 않았다. 김검소 씨의 배우자인 박 할머니는 화재보수공사를 하는 김에 인테리어공사도 함께 해야겠다는 생각에 인테리어업자를 불렀다. 3명의 인테리어업자들은 약 2주간에 걸친 인테리어 공사를 시작하였다.

인테리어 공사가 한창 진행되던 어느 날, 인테리어업자들의 입이 순간 떡 벌어졌다. 공사를 위해 장롱을 옮기는 과정에서 김검소 씨가 장롱 밑에 숨겨놓았던 금괴가 눈에 들어온 것이다. 3명의 인테리어업자들은 고민에 빠졌다. 금괴가 무척 탐이 났지만, 금괴를 모두 가져갈 경우 집주인들이 금괴의 존재를 알고 있었다면 그 사실이 발각될 수 있었기 때문이다. 결국 3명의 인테리어업자들은 각자 한 개의 금괴만 가져가기로 합의를 하고 127개의 금괴는 그대로 남겨두었다.

그날 깊은 밤, 3명의 인테리어업자 중 한 명인 권 씨가 다시 공사현장을 찾았다. 남겨 두었던 나머지 금괴 127개를 가져가기 위해서였다. 그 날 이후 권 씨는 다시는 공사현장에 나타나지 않았다.

권 씨에게는 동거녀가 있었다. 권 씨는 금괴에 대한 내용을 모두 동거녀에게 알려주었고, 두 사람은 금괴를 현금으로 바꿔 풍족한 생활을 하게 되었다.

그런데 사랑이 깨지면 불행도 다시 찾아 오는 법.

동거녀가 지겨워진 권 씨는 어느 젊은 여자와 다시 사랑에 빠지게 되었다. 실의에 빠진 권 씨의 동거녀는 권 씨에게 그 여자와 헤어지지 않으면 금괴를 훔친 사실을 경찰에 신고하겠다고 협박하였다. 새로운 여자와 너무 깊이 사랑에 빠진 권 씨는 동거녀가 단순히 겁을 주기 위해서일 뿐이지 실제로 신고하지는 못할 것이라고 생각하였다.

그러나 연인도 잃고, 연인을 잃고 나면 풍족한 생활도 이젠 끝이라고 생각했던 동거녀는 결국 경찰에 신고하고 말았다. 신고를 받은 경찰은 즉시 권 씨의 집으로 출동하여 남아 있던 금괴를 회수하였는데, 그 수는 40개뿐이었다.

사건을 맡은 경찰은 박 할머니에게 연락하여 회수한 금괴를 찾아가도록 하였고, 국세청에도 통보하여 상속세와 관련된 업무가 마무리되도록 하였다.

이때 박 할머니는 도난당했던 금괴에 대해서 상속세를 납부해야 할까? 납부해야 한다면 김검소 씨가 숨겨놓았던 130개의 금괴에 대해서 납부해야 할까? 아니면 다시 찾은 40개의 금괴에 대해서만 납부해야 할까?

위의 사례에서 확인해야 할 사항은 다음의 3가지로 분류할 수 있다.

1. 11년이 지나서 다시 찾은 금괴에 대해서 상속세 납세의무가 있는가?
2. 납세의무가 있다면 누락된 상속재산은 금괴 130개일까? 아니면 다시 찾은 40개일까?
3. 금괴의 가치는 상속가치로 하여야 할까? 아니면 다시 찾은 시점의 가치로 해야 할까?

위의 사항들을 하나하나 규정을 살펴가면서 정리해 보자.

1. 11년이 지나서 다시 찾은 금괴에 대해서 상속세 납세의무가 있는가?

정답부터 말하자면, 국세청은 박 할머니에게 상속세를 부과할 수 없다. 왜냐하면, 우리나라는 상속세나 증여세를 상속개시일로부터 10년까지만 과세할 수 있기 때문에 11년이 경과되어 다시 찾은 금괴는 그 기간을 초과하였기 때문이다.

그러나 상속인이 상속세를 신고하지 않거나, 부정행위로 상속세를 포탈한 경우에는 상속개시일로부터 15년까지 상속세나 증여세를 과세할 수 있고, 상속인이 부정행위로 상속세를 포탈한 경우로서 그 세액이 50억 원을 초과하는 경우에는 국세청이 그 사실을 안 날로부터 1년 이내에 상속세를 부과할 수 있어서 실질적으로 기한에 상관없이 과세할 수 있다.

위 사례의 경우 김검소 씨의 상속인은 상속세를 신고하였고, 부정행위 등으로 인하여 금괴가 누락된 것이라고 단정하기는 어려우므로 상속세 부과기간은 상속개시일로부터 10년까지로 보는 것이 적절하다.

📖 국세기본법 제26조의2 【국세의 부과제척기간】

④ 상속세·증여세의 부과제척기간은 국세를 부과할 수 있는 날부터 10년으로 하고, 다음 각 호의 어느 하나에 해당하는 경우에는 15년으로 한다.

1. 납세자가 부정행위로 상속세·증여세를 포탈하거나 환급·공제받은 경우
2. 상속세 및 증여세 신고서를 제출하지 아니한 경우
3. 상속세 및 증여세 신고서를 제출한 자가 대통령령으로 정하는 거짓신고 또는 누락신고를 한 경우

⑤ 납세자가 부정행위로 상속세·증여세를 포탈하는 경우로서 다음 각 호의 어느 하나에 해당하는 경우 과세관청은 제4항에도 불구하고 해당 재산의 상속 또는 증여가 있음을 안 날부터 1년 이내에 상속세 및 증여세를 부과할 수 있다. 다만, 상속인이나 증여자 및 수증자(受贈者)가 사망한 경우와 포탈세액 산출의 기준이 되는 재산가액이 50억 원 이하인 경우에는 그러하지 아니하다.

1. 제3자의 명의로 되어 있는 피상속인 또는 증여자의 재산을 상속인이나 수증자가 취득한 경우
2. 계약에 따라 피상속인이 취득할 재산이 계약이행기간에 상속이 개시됨으로써 등기·등록 또는 명의개서가 이루어지지 아니하고 상속인이 취득한 경우
3. 국외에 있는 상속재산이나 증여재산을 상속인이나 수증자가 취득한 경우
4. 등기·등록 또는 명의개서가 필요하지 아니한 유가증권, 서화(書畵), 골동품 등 상속재산 또는 증여재산을 상속인이나 수증자가 취득한 경우
5. 수증자의 명의로 되어 있는 증여자의 「금융실명거래 및 비밀보장에 관한 법률」 제2조 제2호에 따른 금융자산을 수증자가 보유하고 있거나 사용·수익한 경우
6. 비거주자인 피상속인의 국내재산을 상속인이 취득한 경우
7. 명의신탁재산의 증여의제에 해당하는 경우

2. 납세의무가 있다면 누락된 상속재산은 금괴 130개일까? 아니면 다시 찾은 40개일까?

박 할머니가 인테리어업자로부터 다시 찾은 금괴는 40개에 불과하지만, 금괴가 상속재산에 포함되어 상속세가 부과된다면 130개의 금괴에 대해서 세금이 부과된다.

왜냐하면, 상속재산은 다음과 같이 상속개시일 시점의 재산이기 때문에 만약 상속세가 부과된다면 상속재산에 포함되어야 하는 금괴는 김검소 씨가 사망할 당시의 130개이다.

> 📖 상증법 제3조【상속세 과세대상】
> 상속개시일 현재 다음 각 호의 구분에 따른 상속재산에 대하여 이 법에 따라 상속세를 부과한다.
> 1. 피상속인이 거주자인 경우: 모든 상속재산
> 2. 피상속인이 비거주자인 경우: 국내에 있는 모든 상속재산

3. 금괴의 가치는 상속가치로 하여야 할까? 아니면 다시 찾은 시점의 가치로 해야 할까?

만약 금괴에 대해서 상속세가 부과된다면, 박 할머니가 금괴를 다시 찾은 시점의 금괴 1개당 가치가 5,000만 원이고 상속개시일 시점으로는 2,000만 원이었다면 얼마의 가치로 평가될까?

상속재산의 평가도 상속세 과세대상과 마찬가지로 상속개시일 시점의 가치로 평가되어 상속세가 부과된다. 다만, 상속재산이 상속세 신고서에 누락될 경우 과소신고로 인한 가산세와 납부지연에 대한 이자가 부과된다.

📖 상증법 제60조【평가의 원칙】

① 이 법에 따라 상속세나 증여세가 부과되는 재산의 가액은 상속개시일 또는 증여일 현재의 시가(時價)에 따른다.

④ 제1항을 적용할 때 제13조에 따라 상속재산의 가액에 가산하는 증여재산의 가액은 증여일 현재의 시가에 따른다.

07. 하루 늦게 한 상속세 신고,
4억 원의 가산세를 물다

나도향 씨는 대학교를 졸업하고 조그만 IT회사에 다니면서 전산업무를 담당하고 있었다. 나도향 씨의 부모님은 양말제조공장을 운영하고 있었는데 아버지는 영업을, 어머니는 자금관리를 맡고 있었다. 나도향 씨의 가족은 서울 양재동에 거주하고 있었기 때문에 부모님은 자동차를 이용해 경기도 안산에 있는 공장으로 출퇴근하였다.

야근으로 늦은 퇴근을 하던 4월 어느 날, 나도향 씨의 아버지는 졸음운전을 하다가 그만 중앙차선을 넘고 말았고, 맞은 차선에서 달려오던 대형 덤프트럭을 들이받았다. 부모님의 자동차는 충돌 후 덤프트럭 아래로 들어갔고, 부모님은 그 자리에서 즉사하고 말았다.

나도향 씨에게는 부모님의 죽음을 슬퍼할 충분한 시간이 주어지지 않았다. 다니던 회사를 그만두고 부모님이 한평생을 바쳐 운영하던 공장을 맡아 20명의 직원을 먹여 살려야 했기 때문이다.

나도향 씨는 아버지가 하던 영업도, 어머니가 하던 자금관리도 배우고 익혀야 했다. 영업과 자금관리업무는 본인이 그동안 해 온 전산업무와는 많이 달랐다. 업무도 업무지만 거래처를 일일이 찾아다니면서 거래관계를 유지하는 것도 쉽지만은 않았다. 그렇게 하루하루 정신없이 회사의 업무를 익혀가던 나도향 씨는 아버지와 어머니의 상속세 신고기한을 잊어버리게 되었고, 신고기한 다음 날에 가서야 상속세를 신고하게 되었다. 그 결과는 어떻게 될까?

상속인은 피상속인이 사망한 달의 말일로부터 6개월이 되는 날까지 상속세 신고를 하여야 한다. 다만, 모든 피상속인 또는 모든 상속인이 외국에 주소를 둔 경우에는 신고기한이 3개월 더 연장되어 9개월이 되는 날까지 상속세 신고를 하여야 한다.

상속세 및 증여세법 제67조【상속세 과세표준신고】
① 상속세 납부의무가 있는 상속인 또는 수유자는 상속개시일이 속하는 달의 말일부터 6개월 이내에 상속세의 과세가액 및 과세표준을 납세지 관할 세무서장에게 신고하여야 한다.
④ 피상속인이나 상속인이 외국에 주소를 둔 경우에는 제1항의 기간을 9개월로 한다.

상속세 신고기한보다 하루 늦게 상속세를 신고하고 납부할 경우에는 어떤 불이익을 당하게 될까?

먼저 상속세를 신고기한까지 신고할 경우 납부세액의 3%를 깎아주는 신고세액공제를 적용받을 수 없다. 또 비록 하루가 경과되었다 하더라도 신고기한까지 신고하지 않을 경우 무신고에 대한 가산세로서 납부세액의 20%를 추가로 납부하여야 한다.

따라서 위의 사례에서 상속세 결정세액이 20억 원, 신고세액공제금액이 6천만 원인 경우 나도향 씨가 상속세 신고기한까지 신고하고 납부하였다면 19억 4천만 원만 납부하면 되었지만, 하루 늦게 신고하고 납부하는 바람에 신고세액공제 6천만 원을 공제받지 못하게 되고, 무신고가산세 4억 원(=20억 원×20%)을 추가로 납부해야 되고, 납부지연에 대한 이자로서 하루당 0.025%의 가산세를 납부해야 된다.

만약 나도향 씨가 상속세를 신고기한까지 신고하고 납부하였는데, 50억 원으로 신고한 주식의 평가금액이 상속세 조사결과 60억 원으로 수정된 경우에는 어떤 불이익을 당하게 될까?

상속재산을 신고하였으나 평가가 잘못된 경우에는, 신고에 대한 가산세는 없고 신고기한일부터 추가납부일까지의 기간에 대해 납부지연에 대한 가산세만 부담하게 된다.

📖 예규【서면인터넷방문상담4팀-1135, 2008. 5. 8.】
증여받은 재산에 대하여 평가가액의 차이로 인하여 증여세 과세표준 신고기한 이내에 미달신고한 금액에 대하여는 신고불성실가산세는 적용되지 아니하는 것이나, 미달하게 납부한 세액에 대하여 납부불성실가산세는 적용되는 것입니다.

나부자 씨는 보유하고 있던 토지가 최근에 수용되어 80억 원의 현금이 생겼다. 어차피 자신이 쓰기에는 많은 돈이기도 하고 병세도 악화되고 있어 자식들에게 다 물려 주기로 결정하였다.

한편, 나부자 씨에게는 내연녀가 있었고 그 사이에 태어난 아들도 한 명 있었다. 상속으로 재산이 나누어지면 내연녀 사이에서 낳은 아들에게는 한 푼도 돌아가지 않는다는 것을 알고 있었던 나부자 씨는 내연녀 사이에서 낳은 아들에게 30억 원의 현금을 주었고, 본처와 낳은 외동 아들에게는 40억 원의 현금을 나누어 주었다.

이렇게 나부자 씨는 현금으로 자신의 재산을 나누어 주고, 10억 원의 재산으로 남은 여생을 살다 1년 후 사망하였다. 남은 가족들은 상속세를 신고하면서 상속재산 10억 원에 상속공제 10억 원을 적용하여 상속세를 한 푼도 내지 않았다. 모든 것이 끝났다고 믿은 유가족들은 상속세 신고 후 1년이 지나 지방국세청으로부터 토지수용대금 80억 원 중 70억 원의 사용처를 소명하라는 연락을 받았다.

과연 나부자 씨의 가족들은 상속세를 추가로 내지 않고 무사히 잘 넘어갈 수 있었을까?

부모님이 갑자기 위독해졌을 때, 상속세 부담을 줄이기 위해 급히 재산을 처분하거나 통장에서 돈을 인출하면 상속세가 줄어드는지에 대해서 물어보는 사람들이 참으로 많다. 이 글을 쓰는 오늘도 친구인 변호사가 본인 고객의 아버님이 갑자기 위독해져서 중환자실에 입원하였는데, 지금이라도 통장의 돈을 인출하는 게 나은 것인지 물어보았다.

이렇게 고의적으로 상속재산을 줄여 상속세를 회피하는 것을 막기 위해 현행 상속세 및 증여세법에서는 상속인의 사망일 이전 일정기간, 일정금액 이상에 대하여 사용처를 소명하도록 하고 있고, 만약 제대로 소명하지 못하면 해당 금액을 상속재산으로 보아 상속세를 과세한다.

그 소명해야 하는 일정기간과 일정금액을 구체적으로 말하면 사망일로부터 과거 1년간 처분한 피상속인의 재산이 그 종류별로 2억 원 이상인 경우, 사망일로부터 과거 2년간 처분한 피상속인의 재산이 그 종류별로 5억 원 이상인 경우에는 그 사용처를 소명해야 한다.

📖 상속세 및 증여세법 제15조【상속개시일 전 처분재산 등의 상속 추정 등】
① 피상속인이 재산을 처분하였거나 채무를 부담한 경우로서 다음 각 호의 어느 하나에 해당하는 경우에는 이를 상속받은 것으로 추정하여 제13조에 따른 상속세 과세가액에 산입한다.
1. 피상속인이 재산을 처분하여 받은 금액이나 피상속인의 재산에서 인출한 금액이 상속개시일 전 1년 이내에 재산 종류별로 계산하여 2억 원 이상인 경우와 상속개시일 전 2년 이내에 재산 종류별로 계산하여 5억 원 이상인 경우로서 대통령령으로 정하는 바에 따라 용도가 객관적으로 명백하지 아니한 경우
2. 피상속인이 부담한 채무를 합친 금액이 상속개시일 전 1년 이내에 2억 원 이상인 경우와 상속개시일 전 2년 이내에 5억 원 이상인 경우로서 대통령령으로 정하는 바에 따라 용도가 객관적으로 명백하지 아니한 경우
② 피상속인이 국가, 지방자치단체 및 대통령령으로 정하는 금융회사등이 아닌 자에 대하여 부담한 채무로서 대통령령으로 정하는 바에 따라 상속인이 변제할 의무가 없는 것으로 추정되는 경우에는 이를 제13조에 따른 상속세 과세가액에 산입한다.
③ 제1항 제1호에 규정된 재산을 처분하여 받거나 재산에서 인출한 금액 등의 계산과 재산 종류별 구분에 관한 사항은 대통령령으로 정한다.

만약 나부자 씨가 70억 원의 현금에 대해서
제대로 소명하지 못했을 경우,
나부자 씨의 가족들은 얼마의 세금을 내야 할까?

먼저 나부자 씨의 법적인 가족은 어머니와 외동아들로 구성되어 있고, 기존 상속재산금액 10억 원에 추정상속재산 70억 원을 더하여 총 상속재산금액은 원래의 80억 원이 된다.

구 분	금 액
상속재산금액	80억 원
일괄공제	−5억 원
배우자공제(최소)	−5억 원
금융재산상속공제(최대)	−2억 원
과세표준	68억 원
세율	50%
누진공제액	4억 6천만 원
산출세액	29억 4천만 원

다른 공제 요인이 없다고 가정했을 때, 나부자 씨의 가족들이 내야할 상속세는 29억 4천만 원이다. 더욱이 신고기한이 지나서 상속세를 납부하는 것이기 때문에, 신고불성실가산세와 납부지연에 대한 가산세도 내야 한다. 나부자 씨의 법적인 가족은 내연녀의 아들에게 30억 원이나 빼앗긴 상황에서 약 30억 원의 상속세를 납부하게 되는 것이다.

만약 지방국세청이 조사를 통해 나부자 씨가 사전에
자녀들에게 70억 원의 현금을 증여하였는데도
그 자녀들이 증여세 신고와 납부를 하지 않았다는 사실을
발견하였다면 어떤 일이 벌어질까?

우선 현금을 증여받은 자녀들은 증여세를 신고하지 않았으므로 증여세뿐만 아니라 무신고가산세(일반무신고 20%, 부당무신고 40%)와 납부지연(연 9.125%)에 대한 가산세를 납부하여야 한다. 그리고 상속세 신고를 할 때 그 사전증여재산은 상속재산에 합산하여 상속세를 계산한 후, 자녀들이 납부하여야 하는 증여세는 증여세액공제로서 상속세에서 공제받아야 한다.

증여를 받은 자가 증여세를 신고하지 않은 경우 과세관청은 법에서 정한 증여세 신고기한으로부터 15년이 경과하기 전까지는 증여세를 과세할 수 있다. 만약 신고하지 않은 증여가 10년이 지난 기간에 발각될 경우, 증여세 자체보다 그 무신고와 납부지연에 대한 가산세가 본세보다 더 커지게 된다. 왜냐하면, 미납부에 대한 이자 성격인 납부지연가산세가 연간 약 10%이기 때문에 10년이 경과하면 대략 100%가 되기 때문이다.

📖 상속세 및 증여세법 제13조 【상속세 과세가액】
① 상속세 과세가액은 상속재산의 가액에서 제14조에 따른 것을 뺀 후 다음 각 호의 재산가액을 가산한 금액으로 한다. 이 경우 제14조에 따른 금액이 상속재산의 가액을 초과하는 경우 그 초과액은 없는 것으로 본다.
1. 상속개시일 전 10년 이내에 피상속인이 상속인에게 증여한 재산가액
2. 상속개시일 전 5년 이내에 피상속인이 상속인이 아닌 자에게 증여한 재산가액

나부자 씨 사례는 주위에서 자주 볼 수 있는 일반적인 사례에 해당한다. 상속개시일이 임박해서 상속계획을 세우는 것은 득보다 실이 더 많을 수밖에 없다.

따라서 상속재산이 많든 적든 미리미리 상속계획을 세우는 것이 남아있는 가족들에게 상속부담을 덜어주는 지름길이 된다.

평소 부지런하고 성실하기로 소문난 나성실 씨는 열심히 일하여 모은 자금으로 부동산 투자를 꾸준히 하였다. 그가 췌장암으로 사망할 때 남겨 놓은 재산은 의정부의 땅 10억 원(감정평가금액)과 예금 3억 원이었다.

나성실 씨의 상속인은 부인과 외동아들이었으며, 부인은 예금을, 아들은 땅을 상속하기로 합의하였다. 아들은 상속세 신고를 하기 위해 평소 친하게 지내던 세무사를 찾아 갔다. 세무사는 땅을 개별공시지가가 5억 원이므로 땅의 평가가액을 개별공시지가로 신고하고 일괄공제를 적용하면 납부할 상속세는 없다고 나성실 씨에게 이야기해 주었다. 나성실 씨의 아들은 세무사의 조언대로 땅을 개별공시지가로 평가하여 상속세 신고를 하였다.

얼마 후 나성실 씨의 아들은 사업확장을 위해 돈이 필요하게 되어 아버지가 물려주신 땅을 11억 원에 팔기로 하였다. 양도소득세를 납부하기 위해 지난 번에 상속세 신고를 대행해 준 세무사를 찾은 아들은 2억 원 이상의 양도소득세를 납부해야 한다는 충격적인 이야기를 듣게 되었다.

혹시나 하는 생각에 다른 세무사를 찾은 나성실 씨는 상속세를 신고할 때 땅을 개별공시지가가 아니라 감정평가금액인 10억 원으로 신고하였더라면 양도소득세뿐만 아니라 상속세도 거의 내지 않았을 것이라는 이야기를 듣게 되었다.

과연 누구의 말이 맞는 걸까?

상속재산은 어떤 금액으로 평가할까?

상속세 및 증여세법에서는 상속재산은 원칙적으로 시가로 평가하도록 하고 있는데, 시가란 불특정 다수인 사이에서 자유롭게 거래가 이루어지는 가격으로서 상속개시일 전후 6개월 기간 내의 거래가액을 시가로 본다.(증여세의 경우 평가기준일 전후 3개월)

또한 매매사례가액, 감정가액, 보상가액, 경매가액 등도 시가로 인정되며 시가를 산정하기 어려운 경우 기준시가로 평가하게 된다. 감정가액의 경우 원칙적으로 2개 이상의 감정가가 필요하지만, 그 평가금액이 10억 원 이하인 경우 1개의 감정평가기관으로부터 감정을 받아도 된다.

📖 상속세 및 증여세법 제60조【평가의 원칙 등】

① 이 법에 따라 상속세나 증여세가 부과되는 재산의 가액은 상속개시일 또는 증여일(평가기준일) 현재의 시가(時價)에 따른다. 이 경우 제63조 제1항 제1호 가목에 규정된 평가방법으로 평가한 가액(제63조 제2항에 해당하는 경우는 제외)을 시가로 본다.
② 제1항에 따른 시가는 불특정 다수인 사이에 자유롭게 거래가 이루어지는 경우에 통상적으로 성립된다고 인정되는 가액으로 하고 수용가격·공매가격 및 감정가격 등 대통령령으로 정하는 바에 따라 시가로 인정되는 것을 포함한다.
③ 제1항을 적용할 때 시가를 산정하기 어려운 경우에는 해당 재산의 종류, 규모, 거래 상황 등을 고려하여 제61조부터 제65조까지에 규정된 방법으로 평가한 가액을 시가로 본다.

아파트의 경우 매매가 빈번하게 일어나므로 일반적으로 매매사례가를 시가로 사용하지만, 단독주택이나 일반 토지의 경우에는 빈번하게 거래가 일어나지 않는 이상 매매사례가가 형성되어 있지 않다.

나성실 씨 아들이 상속받은 땅을 개별공시지가로 평가하여 신고한 경우와 감정가액으로 평가하여 신고한 경우, 상속세와 양도소득세는 어떻게 차이나는지 비교해 보자. 단, 양도소득세의 경우 장기보유특별공제는 고려하지 않기로 한다.

1. 땅을 개별공시지가 5억 원으로 신고한 경우

(1) 상속세

땅	5억 원
예금	3억 원
상속재산	8억 원
상속공제한도	(-)8억 원
상속세과세표준	0원
산출세액	0원

(2) 양도소득세

양도가액	11억 원
취득가액	(-)5억 원
양도차익	6억 원
기본공제	(-)2,500,000원
과세표준(양도차익)	597,500,000원
한계세율	42%
누진공제	(-)35,400,000원
산출세액	215,550,000원

상속세 신고 시 땅을 개별공시지가인 5억 원으로 평가하여 신고한 경우 상속공제 때문에 상속세는 없지만, 양도소득세가 215,550,000원만큼 발생하게 된다.

2. 땅을 감정가액 10억 원으로 신고한 경우

(1) 상속세

땅	10억 원
예금	3억 원
상속재산	13억 원
일괄공제	(−)5억 원
배우자공제(최소 가정)	(−)5억 원
금융재산공제(최대 가정)	(−)6천만 원
상속세과세표준	2억 4천만 원
한계세율	20%
누진공세	(−)1천만 원
산출세액	3천 8백만 원

(2) 양도소득세

양도가액	11억 원
취득가액	(−)10억 원
양도차익	1억 원
기본공제	(−)2,500,000원
과세표준	97,500,000원
한계세율	35%
누진공세	(−)14,900,000원
산출세액	19,225,000원

상속세 신고 시 땅을 감정가액 10억 원으로 신고한 경우 3천 8백만 원의 상속세를 부담해야 하지만, 양도소득세는 19,225,000원(지방소득세 제외)만 부담하므로 총 57,225,000원의 세금이 발생한다.

결국 나성실 씨의 아들은 친한 세무사의 말만 듣고 땅을 개별공시지가로 신고한 결과, 세금을 약 1억 6천만 원을 더 내게 된 것이다.

다수의 사람들이 상속이 발생하면 나성실 씨의 아들처럼 당장의 상속세만 생각하고, 최대한 낮은 가액으로 상속재산을 신고하려고 한다. 하지만 이는 바로 눈앞의 세금만 생각하는 것으로, 추후 상속재산의 처분 시 양도소득세 폭탄이 되어 날아올 수 있다.

그러므로 위의 사례와 같이 상속재산에 부동산이 포함되어 있다면 최대 받을 수 있는 상속공제의 한도, 현재의 대략적인 시가, 부동산의 매매계획 등을 고려하여 시가(대부분의 부동산은 감정가액)로 신고할 것인지 개별공시지가와 같은 기준시가로 평가하여 신고할 것인지 결정하는 것이 세금을 아끼는 길이 된다.

다만, 최근에 세법의 개정으로 납세자가 부동산에 대한 상속세나 증여세를 신고할 때 개별공시지가와 같은 기준시가로 평가하여 신고하였다 하더라도 과세관청이 자체적으로 해당 재산을 감정할 수 있도록 감정평가비에 대한 예산을 편성한 바 있다. 그러나 그 예산이 기준시가로 평가된 모든 부동산을 감정할 수 있을 정도로 충분한 것은 아니므로 부동산의 규모를 고려하여 기준시가를 적용할 것인지, 감정평가가액을 적용할 것인지 충분한 고려가 필요하다.

아버지를 일찍 여의고 어머니 밑에서 반듯하게 자란 나성실 씨는 대학 졸업 후 중소기업에 취직하였다. 성실의 어머니는 나성실을 키우며 악착같이 일하였고, 투자금을 모아 부동산 투자로 불려 70억 원의 자산가가 되었다. 하지만 자신의 건강을 돌보지 못한 어머니는 암에 걸렸고, 앞으로 얼마 살지 못한다는 충격적인 소식을 들었다.

성실의 어머니는 침착하게 상속을 준비하기 위해 고민하기 시작했다. 평소 세금에 관심이 많던 지인에게 아들이 법인을 세워 법인이 상속을 받으면 세금을 절반 이상 줄일 수 있다는 이야기를 들었다.

나성실 씨는 어머니의 이야기를 듣고 법인을 세워 그 법인이 어머니의 재산을 상속받게 하였다. 다음 해 법인세를 신고하러 세무서를 찾은 나성실 씨는 세무공무원으로부터 나성실 씨가 상속세를 납부해야 된다는 이야기를 들었다. 나성실 씨가 직접적으로 상속받은 재산이 없는데 상속세를 내라니? 이 이야기는 사실일까?

법인은 상속인이 될 수 있을까?

민법(제1000조)에 따르면 상속인은 자연인에 한정하고 있다. 따라서 원칙적으로 법인은 상속인이 될 수 없지만, 포괄적 유증을 받을 수 있으므로 이를 통하여 상속과 동일한 효과를 얻을 수 있다.

법인으로 상속(유증)을 받는 이유는 무엇일까?

법인이 포괄적 유증을 받으면, 해당 법인은 상속세를 대신해 법인세를 부담한다. 법인세의 최고세율은 27.5%(지방소득세 포함)로 상속세 최고세율인 50%의 절반밖에 되지 않는다. 따라서 개인이 상속받지 않고 법인이 상속(유증)을 받을 경우, 반 이상의 상속세를 절감할 수 있게 된다.

여기서 주의해야 할 것이 있다

위 사례의 경우 법인이 상속을 받더라도 그 법인의 주주가 100%로 나성실 씨이므로, 상속으로 인한 이득은 실질적으로 나성실 씨가 얻게 된다. 어떤 형태로 상속을 받느냐에 따라 세금이 차이가 난다면, 모든 사람들이 법인을 세워 상속을 받으려 할 것이다. 따라서 이런 편법을 방지하고자 상속세 및 증여세법에서는 상속인(또는 직계비속)이 주주로 있는 영리법인에게 포괄적 유증을 하면 그 상속인(또는 직계비속)이 상속세를 부담하도록 하고 있다.

📖 상속세 및 증여세법 제3조의2【상속세 납부의무】

② 특별연고자 또는 수유자가 영리법인인 경우로서 그 영리법인의 주주 또는 출자자(이하 "주주등"이라 한다) 중 상속인과 그 직계비속이 있는 경우에는 대통령령으로 정하는 바에 따라 계산한 지분상당액을 그 상속인 및 직계비속이 납부할 의무가 있다.

그런데 법인에 상속(유증)받은 재산에 대해서 법인세를 납부하는데, 그 법인의 주주가 다시 상속세를 부담한다면 동일한 상속재산에 대하여 이중으로 세금을 납부하게 되는 문제점이 있다. 그래서 상속세 및 증여세법에서는 주주가 납부하여야 하는 상속세를 계산할 때 이미 부담한 법인세(상당액)를 공제해 주고 있다. 다만, 그 공제해 주는 법인세는 실제로 법인이 납부한 법인세가 아니라 10%의 세율을 적용한 법인세만 공제하고 있어서 법인이 받은 상속재산이 클 경우 실질적으로 납부한 법인세보다 더 적은 금액을 공제하게 되는 결과가 될 수 있다.

> 📖 상속세 및 증여세법 시행령 제3조【상속세 납부의무】
>
> ② 법 제3조의2 제2항에서 "대통령령으로 정하는 바에 따라 계산한 지분상당액"이란 다음 계산식에 따라 계산한 금액을 말한다.
>
> {영리법인이 받았거나 받을 상속재산에 대한 상속세 상당액 – (영리법인이 받았거나 받을 상속재산 × 10%)} × 상속인과 그 직계비속의 주식 또는 출자지분의 비율

위 사례의 경우 나성실 씨가 추가로 납부해야 될 상속세는 얼마일까?

나성실 씨가 상속을 받았다면 부담했을 상속세(28억 원)에서 법인이 받은 상속재산 70억 원의 10%인 7억 원을 뺀 금액(21억 원)에 나성실 씨의 주식 지분율(100%)을 곱한 금액 21억 원을 상속세로 납부해야 한다.

법인으로 상속을 받는다고 해서 꼭 세금이 절약되는 것은 아니다. 나성실 씨의 경우처럼 법인으로 상속받아도 추가 상속세 과세규정 때문에 오히려 세금이 증가하는 경우가 많다. 그러므로 법인으로 상속을 받을 계획이 있는 경우 가까운 전문가를 찾아 조언을 구하는 것이 좋다.

11. 피땀 흘려 어렵게 키운 회사,
   아들에게 잘 물려줄 수 없을까?

대기업 연구원이었던 나회장 씨는 일찍이 2차전지의 미래와 성장성을 보고 15년 전에 관련 회사를 설립하였다. 사업 초기에는 일본과의 기술격차, 작은 산업 규모 때문에 상당한 어려움을 겪었으나, 어려운 시기를 잘 버티며 기술개발에 몰두한 그는 대기업들로부터 인정받아 일이 차츰 늘어나기 시작했다.

그러다 3년 전부터 2차전지 시장의 폭발적인 성장 때문에 나회장 씨의 회사는 어엿한 중견기업이 되었다. 나회장 씨는 지금까지 힘들게 키워 온 회사를 아들에게 물려주고 싶은 생각에 아들을 회사에서 경영수업을 받게 하였다.

하지만 나회장 씨는 큰 고민에 빠졌다. 자신이 사망하여 아들이 회사를 물려받으면 엄청나게 큰 금액의 상속세를 부담해야 하는데, 그 상속세 때문에 회사를 매각해야 하는 상황까지 이르지 않을까 싶어 근심걱정이 이만저만이 아니었다. 상속세 부담 없이 아들이 대를 이어 회사를 운영할 방법은 없을까?

나회장 씨처럼 많은 국내 알짜 중소·중견기업들이 과도한 상속세로 인하여 M&A시장으로 내몰리고 있다. 대표적으로 락앤락은 어피너티 에쿼티에 6,293억 원에 매각되었고, 유니더스는 바이오제네틱스 투자조합에 200억 원에 매각되었다. 물론 단순히 상속세 때문에 회사가 매각되었다고 할 수는 없지만, 상속세가 아주 중요한 영향을 미친 것으로 보인다.

이러한 문제점 때문에, 상속세 및 증여세법에서는 자녀들이 가업을 승계받아 계속 경영할 수 있도록 가업상속공제 제도를 마련하였다. 이를 잘 활용하면 30년 이상 경영한 기업의 경우에는 최대 500억 원까지 상속공제가 되어 상속세 부담이 엄청나게 줄어들게 된다.

📖 상속세 및 증여세법 제18조 【기초공제】

① 거주자나 비거주자의 사망으로 상속이 개시되는 경우에는 상속세 과세가액에서 2억 원을 공제(기초공제)한다.

② 거주자의 사망으로 상속이 개시되는 경우로서 다음 각 호의 어느 하나에 해당하는 경우에는 다음 각 호의 구분에 따른 금액을 상속세 과세가액에서 공제한다. 다만, 동일한 상속재산에 대해서는 제1호와 제2호에 따른 공제를 동시에 적용하지 아니한다.
1. 가업[대통령령으로 정하는 중소기업 또는 대통령령으로 정하는 중견기업(직전 3개 사업연도의 매출액의 평균금액이 3천억 원 미만 기업)으로서 피상속인이 10년 이상 계속하여 경영한 기업]의 상속: 다음 각 목의 구분에 따른 금액을 한도로 하는 가업상속 재산가액에 상당하는 금액
   가. 피상속인이 10년 이상 20년 미만 계속하여 경영한 경우: 200억 원
   나. 피상속인이 20년 이상 30년 미만 계속하여 경영한 경우: 300억 원
   다. 피상속인이 30년 이상 계속하여 경영한 경우: 500억 원
2. 영농[양축(養畜), 영어(營漁) 및 영림(營林)을 포함]상속: 영농상속 재산가액(그 가액이 15억 원을 초과하는 경우에는 15억 원 한도)

나회장 씨의 경우에는 회사를 15년 이상 경영하였으므로 최대 200억 원의 가업상속공제를 받을 수 있다. 그러나 이렇게 큰 금액의 공제를 쉽게 허용할 우리나라가 아니다. 가업상속공제를 적용받기 위해서는 까다로운 사전요건과 사후요건을 충족해야 한다.

가업상속공제를 적용받기 위한 사전요건으로서 피상속인(나회장)은 사

업 경영 기간 중 50% 또는 10년 이상의 기간 또는 상속개시일로부터 소급해 10년 중 5년 이상의 기간 동안 대표이사로 재직했어야 하고, 상속인(아들)은 상속개시일 이전 2년 동안 해당 기업에 종사했어야 하며, 상속개시일이 속하는 달의 6개월 이내에 임원으로 취임, 2년 이내에 대표이사 취임 요건 등의 까다로운 요건도 충족해야 한다.

　이러한 사전요건을 다 충족하여 가업상속공제를 받았다 하더라도 일정기간 동안 고용유지, 업종유지, 자산유지 등 더욱 엄격한 사후관리 요건도 충족해야 한다.

　결국 나회장 씨 생전에 사전요건들을 충족하고, 상속 이후에 나회장 씨 아들이 사후요건을 충족하면 상속세 부담을 줄일 수 있다.

　하지만 나회장 씨 사망 후 10년 동안 고용유지, 업종유지, 자산유지 요건을 어기게 되면 공제받은 상속세뿐만 아니라 가산세도 물어야 하므로 주의해야 한다. 실례로 가업상속공제의 엄격한 사후관리 요건으로 인해 가업상속 과세대상기업의 1.3%만 상속공제를 받고 있다(출처: 국세청 '2018 국세통계연보'). 더욱이 사후요건 위반으로 추징당한 기업의 수가 23개에 이른다.

　이렇게 과도한 사후요건 때문에 가업상속공제의 실효성이 없다는 지적을 받자, 기획재정부는 사후관리를 완화하는 방향으로 세법을 개정하였다.

　새로운 사후관리 요건은 다음과 같이 사후관리 기간이 10년에서 7년으로, 중견기업 고용유지의무가 완화되는 등 기존의 사후요건보다 많이 완화되었다. 완화된 사후관리 요건을 고려하여 좀 더 적극적으로 가업상속공제를 활용하면 안정적으로 회사를 자녀에게 물려줄 수 있을 것이다.

〈가업상속공제 사후관리 요건〉

구 분	요 건
1. 사후관리 기간	7년
2. 자산 유지	가업용 자산 20%(5년 내 10%) 이상 처분 금지 (단, 예외적 처분 허용)
3. 가업 종사	상속인은 계속하여 가업에 종사
4. 주식 유지	상속받은 주식 처분 금지(단, 물납 등 제외)
5. 고용 유지(1)	다음 중 하나 ① 매년 정규직 근로자 수를 기준고용인원의 80% 이상으로 유지 ② 매년 총급여를 기준총급여의 80% 이상으로 유지
6. 고용 유지(2)	다음 중 하나 ① 사후관리기간 동안 정규직 근로자 수의 평균을 기준고용인원 이상 유지 ② 사후관리기간 동안 총급여를 기준총급여 이상으로 유지

위의 표에서 기준고용인원이란 상속이 개시된 소득세 과세기간 또는 법인세 사업연도의 직전 2개 소득세 과세기간 또는 법인세 사업연도의 정규직근로자 수의 평균을 말하고, 기준총급여란 상속이 개시된 소득세 과세기간 또는 법인세 사업연도의 직전 2개 소득세 과세기간 또는 법인세 사업연도의 총급여액의 평균을 말한다.

일찍이 상처(喪妻)한 나성실 씨는 악착같이 돈을 모으고 모아 꿈에 그리던 꼬마빌딩을 마련하였다. 꼬마빌딩에서 발생하는 임대료는 그렇게 높은 편은 아니었지만, 꼬마빌딩이 소재하는 지역에 지하철 개발이라는 호재가 있어서 향후 높은 시세차익이 예상되었다.

나성실 씨는 지하철 개발로 꼬마빌딩의 시세차익이 현실화되면, 그 건물을 팔아 고향으로 내려가 전원주택을 지어 여생을 마무리할 계획을 세웠다.

그러나 그 계획이 실현되기 전에 나성실 씨는 뇌출혈로 갑작스럽게 사망하였다. 나성실 씨의 자녀들은 나성실 씨로부터 시세 80억 원의 부동산과 대출 20억 원을 상속받게 되어 22억 2천여만 원의 상속세를 현금으로 납부해야 한다. 나성실 씨의 자녀들은 상속세를 마련하기 위해 투자가치가 높은 꼬마빌딩을 급하게 팔아야 할까?

우리나라의 상증세법에 의하면, 상속세는 상속일이 속하는 달의 말일로부터 6개월이 되는 날까지 상속세 신고와 납부를 하여야 한다.

📖 상증세법 제67조 【상속세 과세표준신고】

① 상속세 납부의무가 있는 상속인 또는 수유자는 상속개시일이 속하는 달의 말일부터 6개월 이내에 상속세의 과세가액 및 과세표준을 대통령령으로 정하는 바에 따라 납세지 관할 세무서장에게 신고하여야 한다.

① 상속세 또는 증여세를 신고하는 자는 각 신고기한까지 각 산출세액에서 다음 각 호의 어느 하나에 규정된 금액을 뺀 금액을 납세지 관할 세무서, 한국은행 또는 우체국에 납부하여야 한다.

1. 신고세액공제(3%)
2. 징수유예금액, 이 법 또는 다른 법률에 따라 산출세액에서 공제·감면되는 금액
3. 증여세의 경우에는 공제되는 사전증여에 대한 증여세산출세액
4. 연부연납(年賦延納)을 신청한 금액
5. 물납(物納)을 신청한 금액

다만, 우리나라 상증세법은 증여세나 상속세로서 납부할 세금이 1,000만 원이 넘으면 나누어 낼 수 있는 분납제도를 허용하고 있다. 즉, 납부하여야 할 상속세가 1,000만 원을 초과하지만 2,000만 원 미만인 경우에는 1,000만 원을 상속세 신고와 함께 납부하고 나머지 초과금액은 원래 납부기한으로부터 2개월 내에 납부하면 되고, 납부하여야 할 상속세가 2,000만 원을 초과할 경우에는 50%를 상속세 신고와 함께 납부하고 나머지 50%는 원래 납부기한으로부터 2개월 내에 납부하면 된다.

📖 상증세법 제70조 【자진납부】

② 제1항에 따라 납부할 금액이 1천만 원을 초과하는 경우에는 그 납부할 금액의 일부를 납부기한이 지난 후 2개월 이내에 분할납부할 수 있다. 다만, 제71조에 따라 연부연납을 허가받은 경우에는 그러하지 아니하다.

그러나 상증법의 분납제도를 이용한다 하더라도 더 이상 대출이 가능하지 않은 상황에서 해당 부동산을 처분하지 않는다면 나성실 씨의 자녀들은 22억 2천여만 원의 세금을 마련하는 것이 여의치 않다. 이 경우에는 어떻게 해야 할까?

이때 이용할 수 있는 방법이 바로 '물납제도'이다. 상속이나 증여의 경우 납부하여야 하는 상속세나 증여세가 큰 경우가 많기 때문에 예외적으로 금전이 아닌 부동산이나 유가증권으로 세금을 내게 하도록 하고 있다.

물납제도를 이용하기 위해서는 납부하여야 하는 상속세나 증여세가 1,000만 원 이상이어야 하고, 상속이나 증여로 받은 재산 중 부동산이나 유가증권의 가액이 전체 재산의 50%를 초과해야 한다.

물납과 관련하여 주의해야 할 것은 유가증권 중 비상장주식도 2007년까지는 물납을 허용했지만, 비상장주식은 상장주식처럼 매매가 쉽지 않아 2008년 이후부터는 물납대상에서 제외되었다. 다만, 비상장주식 외에 다른 상속재산이 없는 경우 등 불가피한 사유가 있는 경우에는 예외적으로 비상장주식도 물납을 허용하고 있다. 다만, 물납을 적용하려면 다음과 같이 관할 세무서에 물납신청서를 제출하여 물납을 허가받아야 한다.

📖 상증세법 제73조【물납】

① 납세지 관할 세무서장은 다음 각 호의 요건을 모두 갖춘 경우에는 대통령령으로 정하는 바에 따라 납세의무자의 신청을 받아 물납을 허가할 수 있다. 다만, 물납을 신청한 재산의 관리·처분이 적당하지 아니하다고 인정되는 경우에는 물납허가를 하지 아니할 수 있다.

1. 상속재산(제13조에 따라 상속재산에 가산하는 증여재산 중 상속인 및 수유자가 받은 증여재산 포함) 중 부동산과 유가증권(국내에 소재하는 부동산 등 대통령령으로 정하는 물납에 충당할 수 있는 재산으로 한정)의 가액이 해당 상속재산가액의 1/2을 초과할 것
2. 상속세 납부세액이 2천만 원을 초과할 것
3. 상속세 납부세액이 상속재산가액 중 대통령령으로 정하는 금융재산의 가액(사전증여재산 제외)을 초과할 것

📖 상증세법 시행령 제73조【물납신청의 범위】

① 법 제73조에 따라 물납을 신청할 수 있는 납부세액은 다음 각 호의 금액 중 적은 금액을 초과할 수 없다.

1. 상속재산 중 제74조 제1항에 따라 물납에 충당할 수 있는 부동산 및 유가증권의 가액에 대한 상속세 납부세액
2. 상속세 납부세액에서 상속재산 중 제5항에 따른 금융재산의 가액과 거래소에 상장된 유가증권의 가액을 차감한 금액

② 상속재산인 부동산 및 유가증권 중 제1항의 납부세액을 납부하는데 적합한 가액의 물건이 없을 때에는 세무서장은 제1항에도 불구하고 해당 납부세액을 초과하는 납부세액에 대해서도 물납을 허가할 수 있다.

나성실 씨의 자녀들이 상속세를 현금으로 납부하려면 꼬마빌딩을 상속세 신고기한까지 매각하여야 한다. 상업용빌딩은 아파트처럼 수요가 많지 않아 매각에 상당한 시간이 소요되므로, 상속세 신고기한까지 매각하려면 매각금액을 많이 낮추어야 하는 상황이 발생한다. 그러나 물납을 하게 되면 감정평가가액으로 평가하여 납부할 수 있으므로, 급매로 인한 매각손실을 피할 수 있다.

그런데 사례에 의하면 사망한 나성실 씨는 꼬마빌딩이 소재하는 지역에 지하철이 개발되어 시세가 크게 높아질 것을 예상하고 있었다. 이 상황에서 상속세를 납부하기 위하여 꼬마빌딩을 처분하거나 물납을 하게 되면, 향후의 시세차익의 기회를 동시에 상실하게 된다. 이러한 경우에 선택할 방법은 바로 '연부연납'제도이다.

연부연납이란 상속세나 증여세를 몇 년간에 걸쳐 나누어서 납부하는 제도이며, 자동차를 구매할 때 주로 이용하는 할부제도와 거의 동일하다. 연부연납을 적용받게 되면 기본적으로 상속세나 증여세를 5년간 나누어서 납부할 수 있으며, 상속재산에 가업상속재산이 포함된 경우에는 최대 20년간 나누어서 납부할 수 있다.

구체적으로 가업상속재산이 50% 미만인 경우에는 연부연납허가일로부터 10년 또는 3년 거치 7년간, 가업상속재산이 50% 이상인 경우에는 20년 또는 5년 거치 15년간 나누어 납부할 수 있다. 다만, 세금을 신고기한보다 늦게 납부하는 것이므로 할부판매 시의 할부이자에 해당하는 연부연납가산금을 납부하여야 하는데, 현재 그 이자율은 1.8%로서 시중은행의 대출이자율과 비교하여도 매우 낮은 이자율에 해당하므로 이용할만하다.

한편, 연부연납도 물납과 마찬가지로 납부하여야 할 상속세나 증여세가 2,000만 원 이상이어야 하고, 신고기한 이전에 세무서장에게 담보 제공과 함께 연부연납신청서를 제출하여 승인받아야 한다. 연부연납신 청서와 함께 담보제공을 하게 되면 세무서장이 이를 심사하고 허가하 지만, 그 담보가 법에서 정한 담보에 해당하고 담보가액이 납부하여야 할 세액 이상이라면 자동으로 허가받은 것으로 보면 된다.

필자도 지금까지 수십번의 연부연납을 신청하였지만, 한 번도 승인 이 거절된 적이 없었다.

📖 상증세법 제71조 【연부연납】

① 납세지 관할 세무서장은 상속세 납부세액이나 증여세 납부세액이 2천만 원을 초과하는 경우에는 대통령령으로 정하는 방법에 따라 납세의무자의 신청을 받아 연부연납을 허가할 수 있다. 이 경우 납세의무자는 담보를 제공하여야 하며, 「국세기본법」 제29조 제1호부터 제5호까지의 규정에 따른 납세담보를 제공하여 연부연납 허가를 신청하는 경우에는 그 신청일에 연부연납을 허가받은 것으로 본다.

② 제1항에 따른 연부연납의 기간은 다음 각 호의 구분에 따른 기간의 범위에서 해당 납세의무자가 신청한 기간으로 한다. 다만, 각 회분의 분할납부 세액이 1천만 원을 초과하도록 연부연납기간을 정하여야 한다.

1. 가업상속 공제를 받았거나 대통령령으로 정하는 요건에 따라 중소기업 또는 중견기업을 상속받은 경우 대통령령으로 정하는 상속재산: 연부연납 허가일 부터 10년 또는 연부연납 허가 후 3년이 되는 날부터 7년. 다만, 상속재산 중 대통령령으로 정하는 상속재산이 차지하는 비율이 50% 이상인 경우에는 연부연납 허가일부터 20년 또는 연부연납 허가 후 5년이 되는 날부터 15년 으로 한다.
2. 제1호 외의 경우: 연부연납 허가일부터 5년

13. 자녀가 계약한 보험계약에서 아버지의
사망보험금을 받았을 때
상속재산에 포함하여야 할까?

나한량 씨는 외동아들을 두고 있는 가장으로서, 워낙 친구와 술을 좋아했다. 나한량 씨의 아들인 현명 씨는 아버지가 술에 취해 집에 들어올 때마다 본인이 좋아하는 간식과 용돈을 주곤 했기 때문에 아버지가 술을 좋아하시는 것은 싫지 않았지만 아버지의 건강이 늘 걱정되었다.

나현명 씨는 5년 전에 대기업에 입사하였으나 같은 직장에 다니는 상사들을 보면서 직장인의 미래가 밝지 않다는 것을 미리 깨닫고 회사생활도 열심히 하면서 퇴근 후에는 부동산강좌를 열심히 쫓아 다녔다.

부동산 강좌를 들을 때마다 세금이 정말 중요하다는 것을 알게 되었고, 부동산 강좌에서 세금에 대해 다양한 지식을 갖고 있던 보험설계사 선배를 우연히 만나게 되었다.

나현명 씨는 보험설계사 선배의 조언에 따라 피보험자를 아버지로, 계약자와 수익자를 본인으로 하는 종신보험에 가입하였으며, 보험에 가입한지 1년 만에 아버지가 뇌출혈로 사망하게 되었다. 아버지가 남겨주신 상속재산은 20억 원의 아파트 한 채였으며, 본인이 계약한 생명보험회사로부터 사망보험금 10억 원도 수령하였다.

나현명 씨는 본인이 보험료를 납부하고, 아버지의 사망으로 인하여 수령한 사망보험금 10억 원을 상속재산에 포함하여 신고하여야 할까?

생명보험계약을 체결할 때에는 계약자, 피보험자, 수익자를 결정해야하는데, 계약자는 보험계약을 체결한 사람으로서 보험료를 납부하여야하는 사람이고, 피보험자는 사망보험금의 지급기준이 되는 사람이며, 수익자는 피보험자가 사망할 때 보험금을 받는 사람이다.

나현명 씨는 생명보험계약에서 보험계약자와 수익자를 본인으로 하고, 피보험자만 아버지로 하였기 때문에 보험사로부터 수령한 사망보험금 10억 원을 상속재산에 포함하지 않아도 된다.

아래와 같이 우리나라의 상증세법에서는 피상속인이 보험계약자인 경우에만 해당 보험금을 상속재산에 포함하도록 하고 있기 때문이다.

📖 상증세법 제8조 【상속재산으로 보는 보험금】
① 피상속인의 사망으로 인하여 받는 생명보험 또는 손해보험의 보험금으로서 피상속인이 보험계약자인 보험계약에 의하여 받는 것은 상속재산으로 본다.
② 보험계약자가 피상속인이 아닌 경우에도 피상속인이 실질적으로 보험료를 납부하였을 때에는 피상속인을 보험계약자로 보아 제1항을 적용한다.

📖 상증세법 시행령 제4조 【상속재산으로 보는 보험금】
① 법 제8조 제1항에 따라 상속재산으로 보는 보험금의 가액은 다음 계산식에 따라 계산한 금액으로 한다.

$$\text{지급받은 보험금의 총합계액} \times \frac{\text{피상속인이 부담한 보험료의 금액}}{\text{해당 보험계약에 따라 피상속인의 사망 시까지 납입된 보험료의 총합계액}}$$

따라서 배우자공제를 고려하지 않는 상황에서 종신보험금이 상속재산에 포함되는 경우와 포함되지 않는 경우의 상속세 산출세액은 다음과 같이 달라지게 된다.

	보험금 포함 시	보험금 제외 시	차이 금액
일반상속재산	2,000,000,000원	2,000,000,000원	
보험금	1,000,000,000원		
상속재산합계	3,000,000,000원	2,000,000,000원	
일괄공제	-500,000,000원	-500,000,000원	
금융재산공제	-200,000,000원		
상속세과세표준	2,300,000,000원	1,500,000,000원	
한계세율	40%	40%	
누진공제	-160,000,000원	-160,000,000원	
산출세액	760,000,000원	440,000,000원	320,000,000원

* 보험금은 금융재산으로서 2억 원을 한도로 하여 보험금 수령액의 20%를 금융재산상속공제로 공제받을 수 있다.

종신보험계약은 피보험자의 사망 시 보험금을 지급하는 계약으로서 피보험자는 언젠가는 사망하게 되므로 보험계약을 해지하지 않는 한 피보험자의 사망 시 보험금을 수령하게 되고, 그 보험금이 납부한 보험료보다 크더라도 피상속인이 보험계약자가 아닌 이상 상속세가 과세되지 않기 때문에 상속설계의 수단으로 보험에 가입하는 경우가 많다.

특히 증여재산공제금액의 범위 내에서 현금을 증여한 뒤 그 금액을 보험료로 납부할 경우, 사전증여로 인하여 상속재산을 감소시키면서 보험금은 상속재산에 포함되지 않아 세액효과는 더욱 커지기 때문에 이러한 종신보험을 선호하는 부자들이 많다.

다만, 부모가 자녀에게 현금으로 보험료를 증여하여 납부하는 경우도 있기 때문에 보험금이 20~30억 원 이상으로서 거액인 경우 국세청에서는 보험료를 납부할 때 부모가 자녀에게 해당 보험료를 증여한 경우를 자세하게 조사할 수도 있으니 이를 고려하여 상속설계를 하여야 한다.

미리 미래를 내다보고 2차전지 회사를 공동으로 설립한 나부자 씨와 김퇴직 씨!

2차전지 시장이 제대로 갖춰지지 않던 시절부터 어렵게 회사를 성장시킨 두 사람은 회사에 대한 애착이 그 누구보다도 컸다. 다행히 최근 2차전지 산업이 폭발적으로 성장하여 회사의 실적도 무척 좋아져서 코스닥시장의 상장까지도 준비하게 되었다.

그런데 그동안 건강도 제대로 돌보지 않고 앞만 보고 달려온 김퇴직 씨는 최근 들어 건강이 악화되어 아들에게 본인이 해오던 일을 물려주려고 하였으나, 일보다 음악에 미친 아들은 회사에 대한 관심이 없어 결국 상장 후 바로 퇴직을 할 예정이다.

김퇴직 씨의 퇴직계획은 공동창업자인 나부자 씨에게도 큰 고민거리가 되었다. 혼자 회사를 이끌어야 된다는 부담감뿐만 아니라 김퇴직 씨의 퇴직으로 인해 발생하는 퇴직금이 생각보다 컸기 때문이다. 더욱이 퇴직금으로 인해 회사의 이익이 크게 감소할 것이며, 주가도 하락할 것이 불보듯 뻔하였다.

이러한 때에 나부자 씨는 국내 최고의 보험설계사인 정보험 씨를 만났다. 정보험 씨로부터 보험의 CEO플랜으로 나부자 씨의 고민을 해결할 수 있다는 이야기를 들었다.

정말 CEO의 퇴직금을 지급하여도 당기순이익에 영향을 미치지 않을 수 있을까?

정보험 씨의 말처럼 보험을 통하여 회사에 미치는 재무적 부담을 최소화하면서 퇴직금의 재원을 마련할 수 있다.

보험계약자와 수익자는 회사로 하고 피보험자는 김퇴직 씨로 할 경우, 회사가 납입하는 보험료는 회사의 비용으로 처리되며(만기환급금에 상당하는 보험료 상당액은 자산으로 계상) 김퇴직 씨가 퇴직하게 되면 보험계약자 및 수익자를 김퇴직 씨로 변경함으로써 퇴직금으로 지급하면 되기 때문이다. 수령한 보험금은 수익이 되며, 그 재원으로 김퇴직 씨에게 퇴직금을 지급함으로써 수익과 비용이 상계되며 회사의 이익에는 거의 영향을 미치지 않는다.

📖 예규【법규법인2013-397, 2013. 10. 24.】

내국법인이 임원(대표이사 포함)을 피보험자로, 계약자와 수익자를 법인으로 하는 보장성보험에 가입한 경우, 법인이 납입한 보험료 중 만기환급금에 상당하는 보험료 상당액은 자산으로 계상하고 기타의 부분은 이를 보험기간의 경과에 따라 손금에 산입하는 것이나,

귀 세법해석 사전답변 신청내용과 같이, 임원의 정년퇴직 후의 기간까지를 보험기간으로 하고 만기환급금이 없는 종신보험상품을 계약한 내국법인이 피보험자인 임원의 정년퇴직시점에는 고용관계가 해제됨에 따라 해당 보험계약을 해지할 것으로 사회통념 및 건전한 상관행에 비추어 인정되는 경우에는 납입보험료 중 정년퇴직 시의 해약환급금에 상당하는 적립보험료 상당액은 자산으로 계상하고, 기타의 부분은 손금에 산입하는 것이며, 정년퇴직 전에 피보험자인 임원이 퇴직하여 해약하는 경우로서 지급받는 해약환급금과 자산으로 계상된 적립보험료 상당액과의 차액은 해약일이 속하는 사업연도의 소득금액계산시 익금 또는 손금에 산입하는 것임.

📖 예규【법인세제과-306, 2015. 4. 20.】

내국법인이 퇴직기한이 정해지지 않아 퇴직시점을 예상할 수 없는 임원(대표이사 포함)을 피보험자로, 법인을 계약자와 수익자로 하는 보장성보험에 가입하여 사전에 해지환급금을 산정할 수 없는 경우, 법인이 납입한 보험료 중 만기환급금에 상당하는 보험료 상당액은 자산으로 계상하고, 기타의 부분은 이를 보험기간의 경과에 따라 손금에 산입하는 것입니다.

또한 보험가입 후 피보험자인 김퇴직 씨가 사망하게 되는 경우, 보험금을 회사가 수령하여 김퇴직 씨의 유가족에게 사망위로금을 지급할 수 있다. 이 경우 유가족이 수령한 사망보험금은 상속재산으로 보지 않는다.

📖 소득세법 시행령 제38조【근로소득의 범위】

① 법 제20조에 따른 근로소득에는 다음 각 호의 소득이 포함되는 것으로 한다.
12. 종업원이 계약자이거나 종업원 또는 그 배우자 기타의 가족을 수익자로 하는 보험·신탁 또는 공제와 관련하여 사용자가 부담하는 보험료·신탁부금 또는 공제부금(이하 이 호에서 "보험료 등"이라 한다). 다만, 다음 각 목의 보험료 등을 제외한다.
　나. 종업원의 사망·상해 또는 질병을 보험금의 지급사유로 하고 종업원을 피보험자와 수익자로 하는 보험으로서 만기에 납입보험료를 환급하지 아니하는 보험(이하 "단체순수보장성보험"이라 한다)과 만기에 납입보험료를 초과하지 아니하는 범위 안에서 환급하는 보험(이하 "단체환급부보장성보험"이라 한다)의 보험료 중 연 70만 원 이하의 금액
　마. 임직원의 고의(중과실을 포함한다) 외의 업무상 행위로 인한 손해의 배상청구를 보험금의 지급사유로 하고 임직원을 피보험자로 하는 보험의 보험료

결국 순수보장성 퇴직보험을 통해서 김퇴직 씨의 퇴직 시에는 퇴직금의 재원을 마련하고, 유고 시에는 유가족에게 사망위로금의 재원을 마련하며 회사의 경영 안정성을 보장할 수 있다.

다만, 이 경우에는 회사의 정관이나 이사회, 주주총회에서 임원에 대한 보수규정을 마련해 놓아야 한다. 과세당국에서 여러 가지 탈세 방지 대책을 세워 놓아 개인이 퇴직 사유로 보험금을 수령하는 경우 퇴직소득이 아니라 근로소득으로 과세하고 있을 뿐만 아니라 위의 규정없이 회사가 보험을 가입한 경우 업무무관가지급금으로 볼 수 있기 때문이다.

8년 동안 인쇄업에 종사하면서 본인의 회사를 강소기업으로 키워온 나성공 씨는 갑작스레 심장마비로 사망하게 된다. 나성공 씨는 회사의 주식 100%를 보유하고 있었는데, 사망 시의 주식가치는 50억 원에 달하였다. 상속재산은 주식 외에도 10억 원의 아파트 한 채가 있었다.

나성공 씨가 남긴 재산은 나성공 씨의 배우자와 외동아들이 모두 물려받게 되었는데 배우자는 아파트를, 외동아들은 주식을 모두 물려받아 경영을 승계하기로 하였다. 아버지가 물려주신 회사는 10년이 채 되지 않아 가업상속공제의 요건을 갖추지 못했다.

나성공 씨는 사망하기 2년 전부터 회사를 계약자와 수익자로 하고, 본인을 피보험자로 하는 15억 원의 종신보험에 가입하였고, 나성공 씨의 사망으로 회사는 15억 원의 보험금을 수령하게 되었다.

나성공 씨의 배우자와 외동아들은 상속재산은 비상장주식과 아파트로서 모두 비현금성자산에 해당하여 상속세의 재원으로 사용할 수 있는 상황이 아니고, 거주하고 있는 아파트를 팔 수 있는 상황도 아니었기에 고민이 이만저만이 아니었다.

혹시나 회사가 수령한 보험금을 상속세 재원으로 사용할 수 없을까 하고 고민 중이던 차에 한서회계법인을 통해서 세금 한 푼 없이 회사가 받은 보험금을 상속세 재원으로 사용할 수 있는 방법이 있다는 이야기를 듣게 된다.

그 방법은 과연 무엇일까?

일반적으로 회사의 자금을 인출하게 되면 근로소득세, 배당소득세 등의 세금을 부담하여야 한다. 그런데 비상장주식을 상속받았다면 그 주식의 양도나 감자를 통하여 세금이 거의 없거나 낮은 세금으로 상속세 재원을 마련할 수 있다.

주식양도의 경우에는 비상장주식을 매수하려는 자가 있어야 하므로 쉽게 적용하기 어려울 수도 있지만 위의 사례와 같이 회사가 보험금을 수령하여 여유자금을 충분히 보유하고 있다면 유상감자는 언제든지 적용가능하며, 유상감자를 하더라도 지분율은 그대로 유지할 수도 있다.

소득세법에 의하면 유상감자가액이 주식의 취득가액보다 더 클 경우 그 차액을 의제배당으로 보아 소득세를 부과한다. 그런데 위의 사례의 경우 회사의 주식은 모두 나성공 씨가 보유하고 있었기 때문에 1주당 유상감자가액을 상속 시 평가한 1주당 주식취득가액으로 하게 되면, 그 차액은 '0'이 되어 유상감자 시 세금을 전혀 부담하지 않고 회사의 자금을 인출할 수 있다.

만약, 위의 사례와 달리 나성공 씨의 아들이 나성공 씨가 사망하기 전에 주당 5,000원의 취득가액으로 주식을 보유하고 있었는데 상속 시 취득한 주식의 주당 평가가액이 15,000원인 상황에서 주당 15,000원으로 유상감자를 하게 되면 주당 감자차익, 즉 주당 의제배당소득은 얼마가 될까? 즉, 주식별로 취득가액이 다른 경우 그 취득가액은 어떻게 적용해야 할까?

이와 관련하여 과세관청에서는 그 취득가액을 가중평균하도록 하고 있다.

📖 예규【재소득-253, 2004. 7. 19.】

거주자가 동일법인의 주식을 서로 다른 취득가액으로 취득·보유하던 중 그 주식의 일부가 소각되어 소득세법 제17조 제2항 제1호에서 규정하는 의제배당이 발생하는 경우 주식을 취득하기 위하여 소요된 금액의 산정방법은 다음과 같음.

소득세법 시행령 제93조의 규정에 의한 매매 또는 단기투자목적으로 주식을 보유하고 있는 사업자는 주식을 총평균법·이동평균법에 의한 평가방법 중 당해 납세지 관할 세무서장에게 신고한 방법에 의하여 계산하되, 유가증권의 평가방법을 납세지 관할 세무서장에게 신고하지 아니한 경우에는 동법 시행령 제95조의 규정에 의하여 계산하는 것임.

매매 또는 단기투자목적으로 주식을 보유하고 있는 사업자가 아닌 자(개인주주 포함)는 총평균법에 의하여 그 주식을 취득하기 위하여 소요된 금액을 계산하는 것임. 다만, 당해 주주가 보유한 주식이 소득세법 시행령 제27조 제3항 및 제7항의 규정에 해당하는 경우에는 동 규정에 따라 그 소요된 금액을 계산하는 것임.

만약 상속 전에 1주를 보유하고 있었고, 상속으로 1주를 상속받았다면 나성공 씨 아들의 주식취득가액은 10,000원(=(5,000원+15,000원)/2주)이 된다. 따라서 15,000원으로 유상감자를 하게 되면 1주당 5,000원의 의제배당이 발생하게 되는 것이다.

그렇다면 의제배당이 발생하지 않게 하는 방법은 없을까? 있다.

정답은 그 취득가액인 10,000원으로 감자를 실시하면 되는 것이다. 다만, 시가인 15,000원(상속 시 시가평가액)보다 낮은 금액으로 감자를 하는 경우이므로, 주주별로 균등하게 감자하지 않는 경우 증여의 문제가 발생할 수 있으므로 주의하여야 한다.

Chapter 01

상속편

법률

젖먹이를 두고 집을 나갔다가 보상금을
내놓으라며 20년 만에 찾아온 엄마

기구한 씨와 석을녀 씨 부부는 딸 하나와 아들 두리를 두고 있었다. 기구한 씨의 경제적 무능력으로 부부간에 불화가 심했고, 석을녀 씨는 아들 두리가 젖먹이일 때 가출해서 영영 돌아오지 않았다. 기구한 씨는 전국을 돌아다니며 막노동을 해서 자녀들에게 근근이 생활비만 보내주다가, 딸 하나가 고등학생, 아들 두리가 초등학생일 때 자살로 생을 마감했다.

이후 하나 씨는 고등학교를 그만두고 소녀가장으로 직접 생계를 꾸려야 했다. 이들 남매의 삶의 고단함은 이루 말할 수 없다. 다행이라면 동생 두리 씨가 운동선수로서 소질이 있다는 점이다. 체육특기자로 명문대에 입학했고, 올림픽에서 금메달을 따서 누나 목에 걸어주는 것이 목표라고 할 정도로 속도 깊었다. 하나 씨는 동생의 뒷바라지에 전력을 쏟았다.

그런데 하나 씨의 가슴이 무너져내리는 일이 발생했다. 두리 씨가 대학에 입학한 첫 여름방학에 지방으로 전지훈련을 갔다가 숙소에 화재가 발생하여 사망한 것이다. 숙소인 리조트를 운영하던 회사가 지급한 손해배상금 및 소속 대학교에서 지급한 사망보상금을 합하여 약 3억 원 가량의 돈이 기하나 씨에게 전달되었다.

그런데 이 소식을 어떻게 알았는지 20여 년 만에 친모 석을녀 씨가 찾아왔다. 보상금을 내놓으라는 것이다. 변호사에게 법률상담을 받아 보니 두리 씨의 사망보상금에 대해 누나인 하나 씨는 상속권이 없고, 친모가 전액 상속을 받게 된다는 것이다. 과연, 하나 씨는 사망보상금 3억 원을 모두 석을녀 씨에게 빼앗겨야 하는 것일까?

부양의무 불이행은 현행법상
상속결격사유에 해당하지 않는다

두리 씨의 사망에 따른 보상금 3억 원은 두리 씨가 남긴 상속재산이다. 민법상으로 상속 1순위는 직계비속, 2순위는 직계존속, 3순위는 형제자매이다. 선순위 상속인이 있는 경우 후순위 상속인에게는 상속권이 없다. 따라서 두리 씨가 남긴 보상금에 대해서는 직계존속인 친모에게만 상속이 이루어지고, 형제자매인 하나 씨는 전혀 상속을 받을 수 없다.

문제는 자식에 대한 부양의무를 저버린 부모가 자식의 사망 후 그 재산을 상속받는게 합당하냐는 것이다. 하지만, 현행 민법상으로 상속결격사유는 매우 제한적으로 규정되어 있다. 부모와 자식 간에 부양의무를 소홀히 했다고 해서 상속권이 박탈되지는 않는다.

이에 대해서 그동안 꾸준히 문제제기가 있었으나, 헌법재판소는 민법에서 부양의무 불이행을 상속결격사유로 규정하지 않은 것은 위헌이 아니라고 결정했다. 부양의무 이행의 개념은 상대적인데, 이를 상속결격사유로 본다면 오히려 법적 분쟁이 빈번해질 수 있다는 것이 그 이유이다.

 헌재 전원재판부 2017헌바59, 2018. 2. 22. 위헌

심판대상조항은 일정한 형사상의 범죄행위와 유언의 자유를 침해하는 부정행위 등 5가지를 상속결격사유로 한정적으로 열거하고 있다. 이는 극히 예외적인 경우를 제외하고는 상속인의 상속권을 보호함과 동시에 상속결격 여부를 둘러싼 분쟁을 방지하고, 상속으로 인한 법률관계를 조속히 확정시키기 위함이다. **부양의무의 이행과 상속은 서로 대응하는 개념이 아니어서, 법정상속인이 피상속인**

에 대한 부양의무를 이행하지 않았다고 하여 상속인의 지위를 박탈당하는 것도 아니고, 반대로 법정상속인이 아닌 사람이 피상속인을 부양하였다고 하여 상속인이 되는 것도 아니다. 만약 직계존속이 피상속인에 대한 부양의무를 이행하지 않은 경우를 상속결격사유로 본다면, 과연 어느 경우에 상속결격인지 여부를 명확하게 판단하기 어려워 이에 관한 다툼으로 상속을 둘러싼 법적 분쟁이 빈번하게 발생할 가능성이 높고, 그로 인하여 상속관계에 관한 법적 안정성이 심각하게 저해된다.

나아가 민법은 유언이나 기여분 제도를 통하여 피상속인의 의사나 피상속인에 대한 부양의무 이행 여부 등을 구체적인 상속분 산정에서 고려할 수 있는 장치를 이미 마련하고 있는 점들을 고려하면, 심판대상조항이 피상속인에 대한 부양의무를 이행하지 않은 직계존속의 경우를 상속결격사유로 규정하지 않았다고 하더라도 이것이 입법형성권의 한계를 일탈하여 다른 상속인인 청구인의 재산권을 침해한다고 보기 어렵다.

기하나 씨는 밀린 양육비의 지급을 청구하는 방법으로, 친모가 보상금을 몽땅 가져가는 것을 어느 정도 저지할 수 있다

석을녀 씨가 가출하고 기구한 씨까지 사망한 뒤에 기하나 씨는 자신과 동생의 생계를 직접 책임져왔다. 친모 석을녀 씨는 20여 년간 자녀에 대한 양육의무를 전혀 이행하지 않았으므로 자녀들에게 밀린 양육비 채무가 있는 셈이다. 기하나 씨는 친모에게 자신에 대한 양육비를 청구할 수 있고, 기하나 씨가 고등학교까지 그만두면서 생활전선에 뛰어들어 기두리 씨를 직접 부양하였으므로 동생의 양육에 따른 비용까지 청구할 수 있을 것이다.

위와 유사한 사건에서 법원은 친모에게 양육비 지급의무를 인정한 바 있다. 남편 A씨와 이혼한 후 32년간 연락도 없이 지내던 친모 B씨가 소방공무원이었던 딸의 사망 후 유족급여와 사망급여 등 8,000만 원이 넘는 돈을 가져가자, 자녀를 혼자 양육한 A씨가 B씨를 상대로 양육비 청구소송을 제기한 사건이다. 법원은 A씨와 B씨의 협의이혼 시점부터 자녀가 성년에 이르기까지 B씨가 부담하지 않은 양육비를 7,700만 원으로 산정했다.

하지만 양육비청구로 상속받는 금액을 줄이는 방식은 근본적인 해결책이 되지 못한다. 아래에서 살펴보는 구하라 씨의 경우와 같이, 상속재산이 수십억 원 이상이 되는 경우에는 양육비 수천만 원을 차감해봐야 큰 의미가 없다.

이른바 「구하라 법」의 입법 진행 상황

양육의무를 저버린 부모가 자식의 사망 후 상속을 받아가는 사건이 연이어 발생하면서 상속제도를 개선해야 한다는 목소리가 높아지고 있다.

특히, 유명 아이돌 가수였던 구하라 씨 사건이 중요한 계기가 되었다. 구하라 씨의 친모가 20여 년 전 가출해서 자식들을 나 몰라라 하다가, 구하라 씨가 사망한 뒤 수십억 원에 이르는 부동산 매각대금의 배분을 요구하면서 소송을 제기한 사건이다.

[출처] 연합뉴스

　2020년 7월 3일 민주당 신영대 국회의원은 부양의무를 다하지 않는 등 친족 간 최소한의 유대관계가 결여된 경우, 법원에 상속권 박탈을 청구할 수 있도록 하는 내용의 '민법 일부개정법률안', 일명 「구하라 법」을 발의했다. 위 개정안은 친족 간 의무를 저버린 상속 대상자에 대해 피상속인 본인이 생전에 또는 유언으로 상속권 상실선고를 청구할 수 있도록 했다. 피상속인의 사후에는 배우자나 직계혈족이 청구할 수 있게 함으로써 상속권 박탈과 관련한 법적 판단을 받는 내용을 담고 있다.

　이 법안이 통과된다면 자녀의 양육의무를 이행하지 않은 무책임한 부모가 자녀의 사망 후 그 재산을 상속받는 부조리한 모습을 더는 보지 않아도 될 듯하다.

불의의 교통사고로 세상을 떠난 남편,
혼자서는 두 아이를 키울 자신이 없었던 아내

한창 나이인 30대 초반의 요절남 씨는 아내 성급희 씨와의 사이에 다섯 살된 딸, 아내 뱃속에 4개월 된 태아가 있다. 요절남 씨는 야근을 마치고 운전하여 집에 돌아오다가, 중앙선을 침범한 맞은편 트럭과 충돌하여 현장에서 사망하였다.

아내는 하늘이 무너지는 것 같았다. 남편은 사회초년생이고, 아내는 전업주부라 모은 재산도 없었다. 그나마 불행 중 다행이라고 해야 하나. 남편이 고교 동창의 성화에 못 이겨 가입해둔 생명보험에서 사망보험금 7억 원을 받을 수 있다고 했다.

이때부터 성급희 씨의 고민이 시작되었다. 보험금 7억 원 정도로 아이 둘을 제대로 키울 수 있을까. 도저히 자신이 없었다. 아직 태어나지 않은 뱃속의 아기보다는 이미 태어난 다섯 살 아이라도 제대로 키우는 게 낫다는게 주변 사람들의 중론이었다. 성급히 씨는 어렵게 고민한 끝에 결국 뱃속의 아이를 낙태하였다. 그 과정에서 시어머니의 동의는 없었다.

낙태하지 않았을 경우의 상속관계

상속에 있어서 배우자는 항상 1순위에 해당하고, 직계비속이 있으면 배우자와 직계비속이 공동상속인이 된다. 상속비율은 배우자가 1.5, 직계비속이 1이다. 직계비속이 있으면 직계존속에게는 상속권이 없다.

순위	상속인	비 고
1	직계비속, 배우자	직계비속의 경우 자녀가 손자녀에 우선, 배우자에게는 5할을 가산
2	직계존속, 배우자	직계존속의 경우 부모가 조부모에 우선, 배우자에게는 5할을 가산
3	형제자매	1, 2순위가 없는 경우에 상속인이 됨.
4	4촌 이내 방계혈족	1, 2, 3순위가 없는 경우에 상속인이 됨.

아이를 낙태하지 않았다면 아내 성급희 씨, 다섯 살된 딸, 뱃속의 태아,[1] 이렇게 3명이 요절남 씨의 상속인이 된다. 상속비율을 따져보면 사망보험금 7억 원에 대해서 성급희 씨가 3억 원, 다섯 살 딸과 뱃속의 태아가 각각 2억 원씩 상속을 받게 된다. 성급희 씨는 남편 요절남 씨의 상속인으로서, 두 아이의 친권자로서 보험금 7억 원을 모두 관리하며 자식 둘을 키울 수 있다.

낙태로 인해 달라지는 상속관계

며느리의 낙태소식을 들은 시어머니는 노발대발했다. 며느리가 뱃속의 태아에게 보험금을 빼앗기기 싫어서 낙태를 했다는 것이다. 시어머니의 이러한 비난은, 성급희 씨의 입장에서는 펄쩍 뛸 노릇이었다. 자식이 하나이건 둘이건 부양의무는 오롯이 엄마인 자신이 떠안아야 하기 때문이다.

---

1) 태아는 상속에 관해서는 이미 출생한 것으로 본다.

하지만 낙태로 인해 성급희 씨는 상속에서 완전히 배제된다. 우리 민법에서는 자신과 동순위의 상속인을 살해한 상속인은 상속결격으로 규정하고 있다. 뱃속의 아이를 낙태한 성급희 씨는 자신과 동순위의 상속인인 직계비속을 고의로 살해한 것으로 평가된다.

 민법

제1004조(상속인의 결격사유) 다음 각 호의 어느 하나에 해당한 자는 상속인이 되지 못한다.
1. 고의로 직계존속, 피상속인, 그 배우자 또는 상속의 선순위나 동순위에 있는 자를 살해하거나 살해하려한 자

대법원 1992. 5. 22. 선고, 92다2127 판결

태아가 호주상속의 선순위 또는 재산상속의 선순위나 동순위에 있는 경우에 그를 낙태하면 민법 제1004조 제1호 소정의 상속결격사유에 해당한다.

성급희 씨가 상속에서 배제된 이후의 상속관계를 정리하면, 요절남 씨의 다섯 살 된 딸이 1순위 직계비속으로서 보험금 7억 원을 단독으로 상속받는다. 다만, 성급희 씨는 다섯 살 된 딸의 친권자로서 딸이 상속받은 보험금을 관리할 수는 있을 것이다.

하지만 최악의 경우 성급희 씨는 딸의 보험금을 관리할 수 있는 권한마저도 상실될 수 있다. 성급희 씨가 뱃속의 태아에게 보험금을 나눠 주기 싫어서 태아를 낙태한 것이라는 시어머니의 주장을 법원이 받아들이게 되면, 성급희 씨의 딸에 대한 친권이 박탈될 수 있다. 딸에 대

한 친권박탈로 인해 딸의 보험금을 관리할 수 있는 권한마저도 상실되는 것이다.

성급희 씨는 뱃속의 태아를 낙태할지를 결정하기에 앞서 주변 지인의 의견만 구할 것이 아니라 법률전문가의 자문을 구했어야 했다.

장례식장을 뒤집어놓은 배다른 자녀의 등장

통수친 씨는 아내 도저희 씨와의 사이에 딸 하나 씨와 아들 두리 씨가 있다. 통수친 씨는 6개월 전 말기 췌장암을 선고받고 투병하다가 사망했다. 가족들이 장례식장에서 조문객들을 받고 있는데, 딸 하나 씨와 비슷한 또래의 젊은 여자가 어린 남자애를 데리고 다가왔다. 도저희 씨에게 오더니 아이한테 큰어머니에게 인사를 하라고 시켰고, 하나 씨와 두리 씨에게는 누나와 형이라고 했다. 도저희 씨는 충격을 받아 실신했고 장례식장은 아수라장이 되었다.

하나 씨와 두리 씨는 장례식을 끝낸 후 집으로 돌아와 아버지의 유품을 찾았다. 아버지가 쓰던 책상 서랍에 자필 유언장이 들어있었다. 유언장의 내용은 충격적이다. 장례식장에 나타난 내연희라는 젊은 여자와의 사이에 세찌라는 아들이 있으며, 100억 원에 이르는 재산의 절반을 세찌에게 물려준다는 것이었다. 이미 가족관계등록부에는 통세찌가 통수친 씨의 혼외자로 등재되어 있었다. 내연희 씨는 딸 하나 씨와 동갑이었으며, 세찌는 조카뻘인 하나 씨의 아들과 동갑이었다.

며칠 뒤 내연희 씨는 아들 세찌를 데리고 찾아와서 상속재산을 공평하게 나누어달라고 요구했다. 다행히 내연희 씨는 유언장의 존재를 모르는 눈치였다. 도저희 씨 가족은 유언장의 존재를 숨기기로 했다. 저 꼬마애가 통수친 씨의 자식이라는 걸 믿을 수 없다며 상속재산분할을 거부했다. 그러자 내연희 씨는 아들을 대리해서 도저희 씨 가족을 상대로 상속재산분할을 구하는 소송을 제기했다.

소송이 진행되는 과정에서 결국 유언장의 존재가 드러났다. 도저희 씨와 자녀들은 시치미를 뗐지만, 유언장 작성 당시 증인으로 참여했던 법무사가 증언하여 유언장의 존재와 그 내용이 확인되었다. 도저희 씨

측에서 유언장을 숨긴 사실도 밝혀졌다. 그러자 내연희 씨 측 변호사

는 도저희 씨와 그 자녀들은 상속권이 박탈되었으므로 세찌 혼자서 모든 재산을 상속받아야 한다고 주장하고 있다.

이런 행동을 하면 상속권이 박탈된다

민법상 상속결격 사유는 다음과 같다.

📖 **민법**

제1004조(상속인의 결격사유) 다음 각 호의 어느 하나에 해당한 자는 상속인이 되지 못한다.
1. 고의로 직계존속, 피상속인, 그 배우자 또는 상속의 선순위나 동순위에 있는 자를 살해하거나 살해하려한 자
2. 고의로 직계존속, 피상속인과 그 배우자에게 상해를 가하여 사망에 이르게 한 자
3. 사기 또는 강박으로 피상속인의 상속에 관한 유언 또는 유언의 철회를 방해한 자
4. 사기 또는 강박으로 피상속인의 상속에 관한 유언을 하게 한 자
5. **피상속인의 상속에 관한 유언서를 위조·변조·파기 또는 은닉한 자**

5번과 관련하여 상속인이 유언장을 찢어버릴 경우 상속결격이 된다는 사실은 일반인들도 잘 알고 있다. 그런데 단순히 은닉만 하더라도 상속결격에 해당한다는 점은 잘 모른다.

도저희 씨 측에서는 이제 승산이 낮은 싸움을 시작해야 한다. 유언장

의 존재를 숨긴 것에 대해 정당한 사유를 들어서 상속결격이 아니라는 주장을 해야 하겠지만, 재판부를 설득하기는 쉽지 않을 것이다. 법원이 도저희 씨 측에서 유언장을 은닉했다고 판단할 경우, 이에 관여한 도저희, 통하나, 통두리 모두 상속권이 박탈되는 것이다.

상속결격자에게 자녀가 있다면
그 자녀가 상속받을 수 있다

다행이라면 통하나 씨에게 아들이 있다는 점이다. 통세찌에게는 조카가 된다. 「대습상속」이라고 해서 상속인이 될 자가 결격이 된 경우에 직계비속이 있으면, 그 직계비속이 결격된 자의 순위에 갈음하여 상속인이 된다. 따라서 통하나가 상속결격이 되더라도 그 아들(통수친 씨의 손주)이 대신 상속을 받을 수 있는 것이다. 불행 중 다행이 아닐 수 없다.

📖 민법

제1001조(대습상속) 전 조 제1항 제1호와 제3호의 규정에 의하여 **상속인이 될 직계비속 또는 형제자매가 상속개시 전에 사망하거나 결격자가 된 경우에 그 직계비속이 있는 때에는 그 직계비속이 사망하거나 결격된 자의 순위에 갈음하여 상속인이 된다.**

정리해보자. 통수친 씨가 남긴 100억 원의 상속재산에 대해서 상속인은 통세찌와 통하나 씨의 아들 이렇게 2명이 될 가능성이 높다. 통수친 씨의 유언내용이 상속재산의 절반을 통세찌에게 물려주는 것이었으니, 통세찌와 통하나 씨 아들이 각자 50억 원씩 상속받으면 된다. 50억 원은 건진 것이다. 다만, 상속결격으로 상속을 전혀 받지 못하게 된 도저희 씨와 통두리 씨가 통하나 씨 측에 상속재산의 분배를 요구할 경우, 이들 간에 새로운 분쟁이 발생할 수 있다.

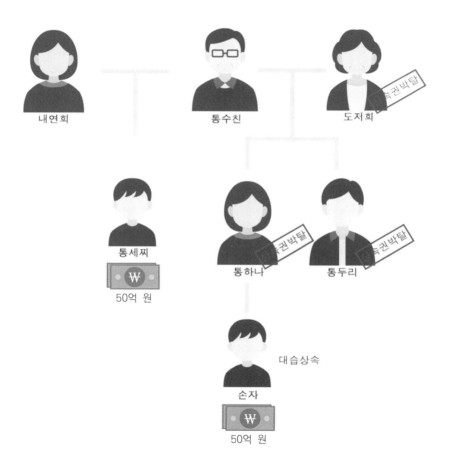

19. 사실혼 배우자가 위독해지면 병간호보다 재산분할청구 소송이 먼저!

Q. 알콩달콩 사실혼 관계... 그러다가 일방이 위독해지면?

지극정성간호(X)

재산분할청구소송(O)

세상을 떠난 사실혼 남편과 남겨진 아내

건실남 씨와 성실녀 씨는 2007년 결혼식을 올렸으나, 혼인신고를 하지 않은 채 10년 넘게 사실혼 관계를 유지하고 있다. 건실남 씨는 이혼한 전처와의 사이에서 낳은 아들이 있으나, 현재는 전혀 연락을 하지 않고 있다.

건실남 씨와 성실녀 씨는 동대문에서 함께 옷장사를 하여 모은 재산으로 동대문 점포(시가 10억 원 상당), 강남 대치동 아파트(시가 20억 원 상당)를 구입하였고, 두 개의 부동산 모두 남편인 건실남 씨의 명의로 보유하고 있다.

그러던 중 건실남 씨가 느닷없이 뇌경색으로 쓰러져 사경을 헤매게 되었다. 성실녀 씨는 남편의 회복을 기원하며 밤낮 없이 간호하였으나, 하늘이 무심하게도 남편은 결국 세상을 떠났다.

그런데 어디서 소식을 들었는지 건실남 씨의 전처와 아들이 장례식장에 나타났다. 이들은 건실남 씨의 영정 앞에서 성실녀 씨에게 건실남 씨 재산을 모두 내놓으라며 행패를 부리고 있다. 염치가 없는 것은 물론이거니와 도대체 무슨 자신감으로 저러는 것일까?

배우자 일방의 사망으로 사실혼 관계가 소멸되면
상대방은 전혀 재산분할을 받을 수 없다

이 경우 건실남 씨의 재산은 모두 직계비속인 아들에게 상속된다. 아들이 미성년자라면 이혼한 전처가 그 재산을 관리하게 될 것이다. 반면에 성실녀 씨는 남편 명의로 된 재산을 전혀 분할받지 못한다. 사망으로 인한 재산분할은 민법상 상속의 법리에 따르는데, 혼인신고를 한 법률혼 배우자의 경우라야 상속인의 지위가 인정되기 때문이다.[2]

사실혼 관계의 보호라는 측면에서 문제점을 갖고 있으나, 법률혼주의를 택하는 현행법상으로는 달리 해석할 수 없다.

 헌재 전원재판부 2013헌바119, 2014. 8. 28.

이 사건 법률조항이 <u>사실혼 배우자에게 상속권을 인정하지 아니하는 것은 상속인에 해당하는지 여부를 객관적인 기준에 의하여 파악할 수 있도록 함으로써 상속을 둘러싼 분쟁을 방지하고, 상속으로 인한 법률관계를 조속히 확정시키며, 거래의 안전을 도모하기 위한</u> 것이다. 사실혼 배우자는 혼인신고를 함으로써 상속권을 가질 수 있고, 증여나 유증을 받는 방법으로 상속에 준하는 효과를 얻을 수 있으며, 근로기준법, 국민연금법 등에 근거한 급여를 받을 권리 등이 인정된다. 따라서 <u>이 사건 법률조항이 사실혼 배우자의 상속권을 침해한다고 할 수 없다.</u>

---

2) 다만, 상속인이 없는 경우에 법원의 허가를 얻어 사실혼 배우자가 특별연고자로 인정될 여지가 있을 뿐이다.

배우자 일방이 사망하기 전에 재빨리 사실혼 관계를 정리하였더라면, 재산분할을 받을 수 있었다

사실혼 관계는 사실상의 관계를 기초로 존재하는 것이므로, 당사자 일방의 의사에 의해 자유롭게 해소될 수 있다. 일단, 사실혼 관계가 해소되면 공동으로 이룩한 재산의 분할도 요구할 수 있다.

 대법원 1995. 3. 10. 선고 94므1379,1386(반소) 판결

사실혼이라 함은 당사자 사이에 혼인의 의사가 있고, 객관적으로 사회관념상으로 가족 질서적인 면에서 부부공동생활을 인정할 만한 혼인생활의 실체가 있는 경우이므로 법률혼에 대한 민법의 규정 중 혼인신고를 전제로 하는 규정은 유추적용할 수 없으나, <u>부부재산의 청산의 의미를 갖는 재산분할에 관한 규정은 부부의 생활공동체라는 실질에 비추어 인정되는 것이므로 사실혼관계에도 준용 또는 유추적용할 수 있다.</u>

위의 사례에서 성실녀 씨가 사실혼 관계를 해소하려면 남편의 사망 전에 재산분할청구소송을 제기하는 등 사실혼 관계를 해소하겠다는 의사를 명백히 드러내야 한다. 이때 쓰러진 남편의 병간호를 하면 안된다. 사실혼 관계를 해소하겠다는 의사가 부정될 수 있기 때문이다.

쓰러진 남편을 앞에 두고 병간호는커녕 재산분할청구소송을 제기한다는 것은 윤리적으로는 납득하기 어렵다. 하지만 부부가 공동으로 이루어낸 재산에 대해 성실녀 씨가 정당한 자기 몫을 분할받으려면 어쩔 수 없는 일이다.

쓰러진 남편의 병간호를 한 사실혼 배우자는 한 푼도 받지 못하고,

쓰러진 남편을 나 몰라라 재산분할청구소송을 제기한 사실혼 배우자라야 자기 몫을 받을 수 있다? 분명히 입법적 개선이 필요한 부분이다.

20. 공동상속인인 친권자가 미성년자인 자녀를 대리한 상속재산 분할협의는 무효

남편 사망 후 재산을 상속받은 자녀들이
방탕한 생활을 할까봐 걱정된 아내

단명남 씨는 아내 심사숙 씨와의 사이에 딸 하나와 아들 두리 2명의 자녀를 두고 있다. 단명남 씨는 선친의 사업을 물려받은 후 타고난 성실성 덕분에 회사를 급성장시킬 수 있었다. 너무 성실한 것이 문제였을까. 단명남 씨는 지방 출장을 마치고 밤늦게 돌아오던 중 졸음운전으로 그만 사망하고 말았다. 사망 당시 딸은 고등학교 2학년, 아들은 초등학교 6학년에 불과했다.

단명남 씨가 남긴 재산은 자신이 오너로서 100% 지분을 소유한 비상장회사의 주식, 그 밖에도 아파트와 상가 등 여러 부동산이 있다. 상속권자는 아내 심사숙, 딸 단하나, 아들 단두리 이렇게 3명이다.

심사숙 씨의 고민이 시작되었다. 어린 자녀들에게 거액의 재산이 상속될 경우 자녀들이 학업을 소홀히 하고 성년이 되어서도 무절제한 생활을 할 것이 걱정되었다. 심사숙고한 끝에 심사숙 씨는 상속재산 전부를 일단 자신의 명의로 이전하기로 했다. 자녀들이 자기 스스로의 인생을 책임질 수 있는 나이가 되면 공평하게 나누어줄 생각이었다.

단명남 씨의 전 재산을 배우자인 심사숙 씨가 일단 단독상속하는 내용의 상속재산분할협의서를 작성했고, 미성년인 자녀들의 친권자인 심사숙 씨가 자녀들을 대리해서 분할협의서에 서명했다. 자녀들도 불만이 없을 것이라 생각했다.

그런데 2년 후 생각지도 못한 일이 발생하고 만다. 대학에 입학하여 성년이 된 딸이 심사숙 씨를 상대로 상속재산 분할협의의 효력을 부인하는 소송을 제기한 것이다.

친권자와 미성년의 자녀 간에
이해가 상반되는 경우의 문제

친권자와 미성년의 자녀가 공동상속인일 경우에 친권자는 미성년자인 자녀를 대리할 수 없다

사례에서 심사숙 씨와 자녀 단하나, 단두리 씨는 상속재산을 공동으로 상속받는 관계로서 이해관계가 상반된다. 우리 민법에서는 친권자와 자녀 간에 이해관계가 상반되는 경우라면, 친권자는 자녀를 대리할 수 없다고 규정하고 있다. 상속재산 분할협의를 하기에 앞서 친권자는 법원에 자녀들의 특별대리인의 선임을 청구해야 한다.

 민법

제921조(친권자와 그 자간 또는 수인의 자간의 이해상반행위) ① 법정대리인인 친권자와 그 자 사이에 이해상반되는 행위를 함에는 친권자는 법원에 그 자의 특별대리인의 선임을 청구하여야 한다.

이해상반 여부를 판단함에 있어 친권자의 의도는 묻지 않는다. 설사 친권자가 자녀들의 이익을 위해 대리행위를 할 것이 분명하더라도 마찬가지이다.

대법원 1993. 4. 13. 선고 92다54524 판결

민법 제921조의 "이해상반행위"란 행위의 객관적 성질상 친권자와 자 사이 또는 친권에 복종하는 수인의 자 사이에 이해의 대립이 생길 우려가 있는 행위를 가리키는 것으로서 친권자의 의도나 그 행위의 결과 실제로 이해의 대립이 생겼는가의 여부는 묻지 아니한다.

미성년의 자녀가 여럿일 경우에는 특별대리인을 각각 따로 선임하여야 한다

한 가지 더 주의할 점이 있다. 미성년인 자녀가 여럿일 경우에는 각각의 자녀마다 특별대리인을 별도로 선임해야 한다는 사실이다. 자녀가 2명이면 특별대리인도 2명, 자녀가 3명이면 특별대리인도 3명이 되어야 한다. 자녀들 간에도 공동상속인으로서 이해관계가 상반되기 때문이다.

📖 민법

제921조(친권자와 그 자간 또는 수인의 자간의 이해상반행위) ② 법정대리인인 친권자가 그 친권에 따르는 수인의 자 사이에 이해상반되는 행위를 함에는 법원에 그 자 일방의 특별대리인의 선임을 청구하여야 한다.

심사숙 씨가 자녀들의 특별대리인을 선임하지 않고 행한 상속재산 분할협의는 아무런 효력이 없다

심사숙 씨가 행한 상속재산 분할협의는 2가지 점에서 잘못되었다. ① 우선, 심사숙 씨가 미성년자인 자녀를 대리한 점이다. 심사숙 씨의 속마음이야 어쨌건, 상속과 관련해서 심사숙 씨와 자녀들의 이해관계가 상반되므로 특별대리인을 선임하였어야 했다. ② 다음으로, 자녀들 간에도 이해관계가 상반된다는 점을 고려해야 한다. 특별대리인을 선임할 경우에도 자녀 단하나와 단두리의 특별대리인을 따로따로 선임해야 한다.

어느 모로 보나 심사숙 씨가 행한 상속재산 분할협의는 효력이 없다.

집안을 산산조각 내버린 위 소송에서 결국 딸 하나 씨가 승소하였고, 심사숙 씨가 행한 상속재산 분할협의는 취소되었다.

가장으로서의 역할을 제대로 못하고
세상을 떠난 아버지

방탕한 씨는 젊은 시절부터 음주가무를 좋아했다. 결혼한 뒤에도 유흥에 빠져 가족의 생계를 돌보지 않았다. 이로 인해 방탕한 씨의 딸 방하나 씨는 어린 시절에 심한 마음고생을 겪어야 했다.

방탕한 씨의 장례식을 마친 후 아내 박복희 씨와 딸 방하나 씨는 상속재산을 정리하다가 고개를 절레절레 흔들었다. 방탕한 씨 명의의 집 한 채가 남아있기는 했으나, 집을 팔아서도 감당할 수 없을 만큼의 숨겨진 채무가 계속 쏟아져 나왔기 때문이다.

방하나 씨는 아버지의 빚을 대신 갚을 생각이 전혀 없었기 때문에 상속을 포기하기로 마음먹었다. 그런데 주변 사람들의 말에 따르면 방하나 씨가 상속을 포기하면 방하나 씨의 딸이 상속채무를 승계한다고 한다. 이런 경우에는 상속인들 중에서 한 사람이 한정승인을 하고 나머지 상속인들은 상속포기를 하는게 가장 깔끔한 해결책이라고 했다. 이에 방하나 씨는 어머니와 협의하여 어머니 박복희 씨가 한정승인을 하고, 방하나 씨는 상속을 포기하기로 협의하고 법원에 신고까지 마쳤다.

그런데 몇 달 뒤 날벼락 같은 일이 발생했다. 망인의 손녀, 그러니까 방하나 씨의 딸이 방탕한 씨의 채무를 전부 승계하게 되었다는 이야기였다. 도대체 무엇이 잘못된 것일까?

내가 상속포기한 아버지의 채무,
내 자식이 떠안을 수도 있다

우선 피상속인의 사망에 따른 상속순위를 살펴보면 다음과 같다. 선순위 상속인이 존재하지 않으면, 후순위 상속인에게 상속이 진행된다

순위	상속인	비 고
1	직계비속, 배우자	직계비속이란 자녀, 손자녀와 같은 관계의 혈족을 말한다. 배우자의 상속분은 50%를 가산한다.
2	직계존속, 배우자	직계존속이란 부모, 조부모와 같은 관계의 혈족을 말한다. 배우자의 상속분은 50%를 가산한다.
3	형제자매	1순위와 2순위가 없는 경우에 상속인이 된다.
4	4촌 이내 방계혈족	1, 2, 3순위가 없는 경우에 상속인이 된다.

다음으로 상속포기와 한정승인의 효과에 대해서 알아보자

상속포기는 상속인의 지위 자체를 포기하는 것으로, 상속재산과 상속채무를 모두 물려받지 않게 된다. 하지만 후순위의 상속인이 존재하는 경우에는 상속포기만으로 법률효과가 종결되는 것이 아니다. 선순위의 상속인이 포기한 상속재산과 상속채무는 후순위 상속인에게 넘어간다.

한정승인은 망인으로부터 물려받은 상속재산의 한도 내에서만 상속채무를 승계하게 된다. 선순위의 상속인이 한정승인을 하면 후순위 상속인에게 상속이 진행되지 않고, 한정승인을 한 상속인 단계에서 법률효과가 종결된다.

상속인들 중 누가 한정승인을 하느냐에 따라, 망인의 손자녀가 채무를 떠안을 수도 그렇지 않을 수도 있다

상속을 포기하게 되면 후순위 상속인에게 승계가 이루어진다. 따라서 후순위자로의 상속을 차단하기 위해서는 한정승인이 필요하다. 동순위의 상속인이 여럿 있는 경우 가장 원만한 해결책은 상속인 중 1인이 한정승인을 하고, 나머지 상속인들이 상속포기를 하는 것이다.

다만, 위 사례처럼 피상속인에게 배우자가 존재하는 경우에는 배우자가 아닌 자녀들이 한정승인을 해야 한다. 경우를 나누어서 살펴보자.

딸 방하나 씨가 상속을 포기하고, 아내 박복희 씨가 한정승인을 한 경우

방하나 씨에게는 자녀가 있다. 망인의 손자녀 역시 망인의 직계비속이다. 따라서 방하나 씨가 상속을 포기하면 방하나 씨의 딸과 배우자 박복희 씨가 공동으로 상속인이 된다.

박복희 씨는 한정승인을 하였으니 상속재산의 범위 내에서만 상속채무를 갚으면 된다. 반면, 방하나 씨의 상속포기 후 방하나 씨의 딸이 별도로 상속포기나 한정승인을 하지 않았다면 단순승인에 해당한다. 따라서 망인의 손자녀인 방하나 씨의 딸이 상속채무를 전부 승계하게 된다.

아내 박복희 씨가 상속을 포기하고, 딸 방하나 씨가 한정승인을 한 경우

이 경우 배우자인 박복희 씨는 상속을 포기했고 방하나 씨가 한정승인을 했기 때문에 방하나 씨가 단독상속인이 된다.

단독상속인인 방하나 씨는 한정승인의 효과에 따라 남아있는 상속재산의 범위에서만 상속채무를 갚으면 되고, 방하나 씨의 딸에게 상속이 진행되는 문제는 발생하지 않는다.

정리하자면, 위 사례의 경우에는 박복희 씨가 상속을 포기하고 방하나 씨가 한정승인을 했어야 한다. 법률전문가의 조력을 받아야 할 필요성을 다시 한번 보여주는 경우이다.

20억 원의 생명보험금과 10억 원의
채무를 남기고 세상을 떠난 아버지

어리숙 씨는 아버지 어성실 씨가 교통사고로 세상을 떠난 후 상속문제를 정리하고 있다. 어성실 씨는 아내와 사별한 후 외동딸 어리숙 씨를 애지중지 키워왔다. 자신이 죽더라도 딸의 생활에 지장이 없도록 미리 보험금 20억 원짜리 생명보험에 가입하고, 매달 성실하게 보험료를 납부해왔다. 덕분에 어리숙 씨는 보험수익자로서 20억 원의 생명보험금을 지급받게 되었다.

문제는 아버지가 남긴 빚이 생각보다 많다는 점이다. 아버지가 남긴 재산을 정리해보니 시가 20억 원 상당의 부동산이 있으나, 사업실패로 불어난 채무가 30억 원 정도라서 순수한 채무액이 10억 원 정도가 된다.

어리숙 씨는 먼저 변호사를 찾아가 상담을 했다. 변호사는 상속포기를 권하고 있다. 상속포기를 하지 않을 경우 아버지의 재산뿐만 아니라 채무까지도 승계되기 때문에, 어리숙 씨는 보험금으로 아버지의 채무를 변제해야 한다.

그럴 경우 어리숙 씨가 물려받는 재산은 실질적으로 10억 원에 불과하다. 하지만 상속포기를 하면 아버지의 채무를 변제할 필요가 없어 보험금 20억 원을 온전히 보전할 수 있다고 한다.

어리숙 씨는 다음날 세무사를 찾아가 다시 한번 상담을 했다. 그런데 세무사 말은 변호사 말과 약간 다른 것 같다. 어리숙 씨가 상속을 포기하더라도 보험금을 수령하면 보험금이 상속재산으로 간주되어 상속세를 납부해야 한다는 것이다. 아버지의 사망보험금이 20억 원이니 이에 대해 상속세를 내야 한다는 것이다.

매우 혼란스럽다. 변호사는 보험금 수령과 무관하게 상속을 포기할 수 있다고 하고, 세무사는 보험금을 수령하면 상속을 포기하더라도 상속받은 것으로 간주된다고 한다. 도대체 왜 서로 말이 다른 것일까?

피상속인의 사망으로 받는 생명보험금은 상속재산으로 간주되어 상속세가 과세된다

먼저, 상속으로 간주된다는 세무사의 말은 맞다.

피상속인(어성실 씨)이 보험계약자가 되어 보험료를 납부한 경우라면, 피상속인의 사망 후 상속인(어리숙 씨)이 받는 보험금은 사실상 피상속인의 부(富)가 상속인에게 이전된 것이다. 따라서 우리 세법에서는 피상속인의 사망으로 지급받는 보험금은 본래의 상속재산은 아니지만 상속재산으로 간주하여 상속세 과세대상에 포함하고 있다.

보험계약을 통해 피상속인이 그 재산을 상속인에게 편법으로 이전하는 것을 막기 위함이다. 상속인이 설사 상속포기를 하더라도 보험금을 받은 이상 상속세는 과세된다.

① **피상속인의 사망으로 인하여 받는 생명보험 또는 손해보험의 보험금으로서 피상속인이 보험계약자인 보험계약에 의하여 받는 것은 상속재산으로 본다.**
② 보험계약자가 피상속인이 아닌 경우에도 피상속인이 실질적으로 보험료를 납부하였을 때에는 피상속인을 보험계약자로 보아 제1항을 적용한다.

사례의 경우 상속포기를 한 이상 본래의 상속재산 20억 원과 상속채무 30억 원은 고려할 필요가 없다. 다만, 간주 상속재산으로 보험금 20억 원이 있으므로 여기에서 일괄공제 5억 원을 차감하고 나면 과세표준은 약 15억 원이 되어 납부할 세액은 최대 4억 4천만 원 정도가 된다.

상속인이 보험금을 수령하더라도 상속포기는 가능하다

다음으로 상속을 포기할 수 있다는 변호사의 말도 맞다.

보험금을 상속재산으로 간주한다는 것은 조세회피를 막기 위해 상속세를 과세하는 범위에서 그러할 뿐이다. 민법상으로 보험금은 상속재산이 아니라 상속인의 고유재산이다. 피상속인의 사망으로 인해 상속인이 지급받는 생명보험금은 보험수익자의 지위에서 받는 것이지, 피상속인의 재산을 물려받는 것이 아니다.

대법원 2004. 7. 9. 선고 2003다29463 판결

보험계약자가 피보험자의 상속인을 보험수익자로 하여 맺은 생명보험계약에 있어서 피보험자의 상속인은 피보험자의 사망이라는 보험사고가 발생한 때에는 보험수익자의 지위에서 보험자에 대하여 보험금 지급을 청구할 수 있고, 이 권리는 보험계약의 효력으로 당연히 생기는 것으로서 상속재산이 아니라 상속인의 고유재산이라고 할 것인데, 이는 상해의 결과로 사망한 때에 사망보험금이 지급되는 상해보험에 있어서 피보험자의 상속인을 보험수익자로 미리 지정해 놓은 경우는 물론, 생명보험의 보험계약자가 보험수익자의 지정권을 행사하기 전에 보험사고가 발생하여 상법 제733조에 의하여 피보험자의 상속인이 보험수익자가 되는 경우에도 마찬가지라고 보아야 한다.

어리숙 씨는 보험금 수령 여부와 무관하게 상속포기를 할 수 있다. 상속포기를 하면 상속재산과 상속채무는 둘 다 어리숙 씨와 관련이 없는 것이 된다. 따라서 어리숙 씨는 자신의 개인재산으로 아버지의 사업상 채무를 변제할 의무가 없다.

정리하자면, 상속을 포기한 어리숙 씨는 아버지의 사망으로 받은 생명보험금 20억 원을 고스란히 지킬 수 있다. 아버지의 채권자들은 상속을 포기한 어리숙 씨의 보험금을 넘볼 수 없다. 다만, 어리숙 씨는 보험금을 수령함에 따라 최대 4억 4천만 원 가량의 상속세는 납부해야 한다.

23. 빚이 많은 자녀가 상속분을 포기하고 다른 상속인에게 상속을 몰아줘봐야 효과 없다

상속받아서 채권자에게 강제집행을 당하느니,
아예 상속을 포기하겠다?

임종을 앞둔 부유한 씨에게는 아내 전업주 씨와 딸 부하나, 아들 부두리가 있다. 부유한 씨는 별다른 유언 없이 사망하였는데, 그의 명의 재산으로는 반포에 소재한 시가 70억 원 상당의 건물 1채가 있다. 사업을 크게 하던 아들 부두리 씨는 경기가 악화되면서 부도가 나서 빚더미에 올라 있었다. 부두리 씨는 아버지로부터 상속을 받아봐야 자신의 채권자들로부터 강제집행을 당할 것이 뻔하기 때문에 아예 상속을 포기하기로 마음먹었다.

부두리 씨는 누나 부하나 씨를 설득해서 남매가 둘 다 상속을 포기하고, 건물은 어머니가 단독으로 상속받는 것으로 합의하였다. 아직 어머니가 건강하시니 남매는 상속을 포기한 후 나중에 어머니가 돌아가시면 그때 남매가 건물을 다시 상속받는 방식으로 후일을 도모하자는 것이다. 누나도 이에 대해 수긍했다. 건물에 대해서 전업주 씨 명의로 소유권이전등기가 이루어졌고, 상속세로 산출된 약 7억 원은 단독상속인이 된 전업주 씨가 전액 납부하였다.

채권자를 해하려는 목적의
상속포기는 효력이 부인된다

결론부터 말하면, 부두리 씨의 상속포기는 그 효력이 부인될 가능성이 높다. 돌아가신 부유한 씨가 남긴 건물에 대해서 부두리 씨의 법정상속비율(2/7)만큼 부두리 씨에게 상속이 이루어지고, 결국은 부두리 씨의 채권자의 강제집행 대상이 될 것이다.

민법에서는 채무를 면탈하려는 목적으로 자신의 재산을 다른 곳에 빼돌리는 법률행위는 채권자를 해하는 "사해행위"라고 해서 취소할 수 있도록 하고 있다. 빚이 많이 있는 채무자가 강제집행을 피할 목적으로 자신의 상속지분을 포기하는 내용의 협의분할도 채권자에 대한 사해행위에 해당한다.

 대법원 2007. 7. 26. 선고 2007다29119 판결

> 상속재산의 분할협의는 상속이 개시되어 공동상속인 사이에 잠정적 공유가 된 상속재산에 대하여 그 전부 또는 일부를 각 상속인의 단독소유로 하거나 새로운 공유관계로 이행시킴으로써 상속재산의 귀속을 확정시키는 것으로 그 성질상 재산권을 목적으로 하는 법률행위이므로 사해행위취소권 행사의 대상이 될 수 있고, 한편 채무자가 자기의 유일한 재산인 부동산을 매각하여 소비하기 쉬운 금전으로 바꾸거나 타인에게 무상으로 이전하여 주는 행위는 특별한 사정이 없는 한 채권자에 대하여 사해행위가 되는 것이므로, **이미 채무초과 상태에 있는 채무자가 상속재산의 분할협의를 하면서 자신의 상속분에 관한 권리를 포기함으로써 일반 채권자에 대한 공동담보가 감소한 경우에도 원칙적으로 채권자에 대한 사해행위에 해당한다.**

부두리 씨의 채권자들이 바보가 아닌 이상 상속포기를 그대로 보고만 있을 리 없다. 채권자들은 상속을 포기하는 위 협의분할을 취소해달라는 소송을 법원에 제기할 것이다. 이러한 소송에서 채권자들이 승소하게 되면, 전업주 씨 명의로의 단독상속은 그 효력이 부인된다. 결국 법정상속분대로 전업주, 부하나, 부두리를 공동소유자로 하는 건물상속등기가 이루어질 것이다.

배우자 전업주 씨와 자녀 부하나, 부두리의 법정상속비율은 각각 1.5 : 1 : 1이다. 70억 원짜리 부동산이라면 전업주 씨는 30억 원의 비율로, 부하나 씨와 부두리 씨는 20억 원의 비율로 상속받는다고 생각하면 된다. 부두리 씨의 채권자들은 70억 원짜리 건물에 대해서 원칙적으로 부두리 씨의 법정상속비율인 20억 원 만큼은 강제집행을 할 수 있을 것으로 보인다.

단독상속인으로서 상속세 전액을
납부했더라도 돌려받지 못한다

이러한 상황을 보고 있던 전업주 씨는 가슴이 매우 답답하다. 일이 이렇게 된 마당에 자신이 단독으로 납부한 상속세 7억 원 중 4억 원만큼은 돌려받기를 원한다. 70억 원짜리 부동산에 대해서 자신의 상속비율이 30억 원 만큼이라면 상속세도 그 비율만큼만 내면 된다고 생각하기 때문이다.

그러나 사해행위취소는 이미 납부한 상속세에 대해서는 아무런 영향을 미치지 못한다. 70억 원짜리 부동산에 대한 상속세로 7억 원 만큼을 내야 하는 것이었다면 누가 냈든 이미 납부의무는 종결된 것이고, 자신의 상속비율을 넘어선 만큼 냈다 하더라도 반환을 청구할 수는 없다.

상속받아서 채권자에게 강제집행을 당하느니
아예 상속을 포기하겠다?

사례 23번과 기본적인 사실관계는 동일하다. 임종을 앞둔 부유한 씨는 아내와 두 명의 자녀가 있다. 부유한 씨는 별다른 유언 없이 사망하였는데, 부유한 씨의 재산으로는 반포에 소재한 시가 70억 원 상당의 건물 1채가 있다. 당시 사업을 크게 하던 작은 아들 부두리 씨는 경기가 악화되면서 사업이 부도가 나서 빚더미에 올라 있었다. 부두리 씨는 아버지로부터 상속을 받아봐야 자신의 채권자들로부터 강제집행을 당할 것이 뻔하기 때문에 아예 상속을 포기하기로 마음먹었다.

부두리 씨는 상속인들 간의 협의에 의해 자신의 상속분을 '0'으로 만든 것이 아니라 법원에 상속포기신고를 하였고, 이후 법원으로부터 수리심판이 이루어졌다. 그러자 부두리 씨의 채권자들은 빚이 많은 채무자가 강제집행을 피할 목적으로 상속분을 포기한 것은 채권자에 대한 사해행위라며 격분하였고, 상속포기신고에 대해 사해행위취소소송을 제기하였다.

상속포기신고는 사해행위취소의
대상에 해당하지 않는다

대법원은 협의분할 방식에 의한 상속포기와는 달리, 법원에 상속포기신고를 하여 그 수리가 이루어지는 경우에는 상속포기의 효력을 인정하고 있다. 법원의 재판을 통해 법률효과가 발생한 경우까지 사해행위라고 보아 효력을 부인하게 되면, 재판의 신뢰성이 훼손될 것을 우려한 입장으로 보인다.

 대법원 2011. 6. 9. 선고 2011다29307 판결

상속의 포기는 비록 포기자의 재산에 영향을 미치는 바가 없지 아니하나 상속인으로서의 지위 자체를 소멸하게 하는 행위로서 순전한 재산법적 행위와 같이 볼 것이 아니다. 오히려 상속의 포기는 1차적으로 피상속인 또는 후순위 상속인을 포함하여 다른 상속인 등과의 인격적 관계를 전체적으로 판단하여 행하여지는 '인적 결단'으로서의 성질을 가진다. 그러한 행위에 대하여 비록 상속인인 채무자가 무자력상태에 있다고 하여서 그로 하여금 상속포기를 하지 못하게 하는 결과가 될 수 있는 채권자의 사해행위취소를 쉽사리 인정할 것이 아니다. 그리고 상속은 피상속인이 사망 당시에 가지던 모든 재산적 권리 및 의무·부담을 포함하는 총체재산이 한꺼번에 포괄적으로 승계되는 것으로서 다수의 관련자가 이해관계를 가지는데, 위와 같이 상속인으로서의 자격 자체를 좌우하는 상속포기의 의사표시에 사해행위에 해당하는 법률행위에 대하여 채권자 자신과 수익자 또는 전득자 사이에서만 상대적으로 그 효력이 없는 것으로 하는 채권자취소권의 적용이 있다고 하면, 상속을 둘러싼 법률관계는 그 법적 처리의 출발점이 되는 상속인 확정의 단계에서부터 복잡하게 얽히게 되는 것을 면할 수 없다. 또한 상속인의 채권자의 입장에서는 상속의 포기가 그의 기대를 저버리는 측면이 있다고 하더라도 채무자인 상속인의 재산을 현재의 상태보다 악화시키지 아니한다. 이러한 점들을 종합적으로 고려하여 보면, **상속의 포기는 민법 제406조 제1항에서 정하는 "재산권에 관한 법률행위"에 해당하지 아니하여 사해행위취소의 대상이 되지 못한다.**

빚이 많은 상속인이 상속포기를 하려면, 협의분할이 아닌 상속포기신고의 방법을 택해야 한다

상속포기라는 동일한 의사결정임에도 당사자 간 협의분할인지 아니면 법원에 포기신고를 한 것인지라는 방식의 차이에 따라 사해행위 인정 여부가 달라지게 된다. 채무자가 빚을 갚지 않으려고 법원의 상속포기신고를 하더라도 채권자들은 막을 방법이 없게 된다. 이러한 결론이 타당하다고 보기는 어렵지만, 어쨌든 판례의 입장은 명확하다.

위 사례에서 상속인 부두리 씨의 채권자들은 피상속인 부유한 씨의 재산에 대해서는 일절 강제집행을 할 수 없다. 채권자들 입장에서는 분통터질 일이지만, 부두리 씨 측에서는 다행이라면 다행이다. 결국, 상속인의 입장에서는 법률전문가의 도움을 받아 꼼꼼히 짚어가면서 상속포기절차를 진행해야 한다는 사실을 알 수 있다.

남긴 재산보다 빚이 훨씬 많아
경매로 넘어가 버린 상속재산

손절남 씨의 아버지 고(故) 손대망 씨는 건설업계에서 통이 크기로 소문난 사람이다. 사업도 크게 했고 망할 때도 크게 망했다. 손대망 씨의 장례식 후 남긴 재산을 조사해보니 시가 100억 원이 넘는 건물 1채가 있었으나, 재산적 가치는 전혀 없었다. 체납된 세금, 임대보증금 반환채무, 밀린 공사대금채무 등을 이유로 건물에 설정된 압류금액을 합치면 200억 원을 훨씬 넘었다. 손절남 씨는 아버지의 채무를 갚을 의사도 능력도 없었다. 하지만 무책임하게 상속포기를 하면 후순위 상속인에게 상속채무가 넘어간다는 이야기를 들었기에, 자신이 한정승인을 하여 법률관계를 마무리짓기로 했다. 법원에 한정승인을 신청해서 결정이 이루어졌다.

아버지 소유의 유일한 재산인 건물은 일단 손절남 씨 명의로 소유권이전등기가 되었다. 이후 채권자들의 신청으로 법원경매가 개시되어 100억 원에 낙찰되었다. 세무서, 임차인, 그 밖의 채권자들이 법에 정한 순서에 따라 배당을 받았다. 상속채무가 낙찰대금을 훨씬 초과했기 때문에 손절남 씨는 한 푼도 만져보지 못했다. 솔직히 별 관심도 없었다.

그런데 얼마 뒤 세무서로부터 믿을 수 없는 내용의 고지서가 날아왔다. 상속개시 당시에 손절남 씨가 건물의 가액을 기준시가인 70억 원으로 신고했는데 실제 매각금액은 100억 원이었으니, 양도차익 30억 원에 대해 손절남 씨가 양도소득세를 납부해야 한다는 것이다. 가산세까지 포함하니 내야할 세금은 10억 원 가까이 되었다.

한정승인한 상속인도 양도소득의 귀속자에 해당한다

「한정승인」이란 상속인이 상속으로 인하여 취득할 피상속인의 재산의 한도에서 피상속인의 채무를 변제할 것을 조건으로 상속을 승인하는 것을 말한다. 즉, 상속받은 재산의 한도에서 상속받은 채무를 변제하면 족하고, 상속재산을 상속채무가 초과하는 경우에는 더 이상 피상속인의 채무는 상속되지 않으므로 변제할 필요가 없다.

한정승인은 단순승인에 대응하는 개념으로, 단순승인은 모든 피상속인의 권리·의무가 상속되므로 상속받은 재산을 초과하는 재산에 대해서도 상속인이 변제를 하여야 한다는 데 차이가 있다.

「양도소득세」란 부동산 등의 자산양도에 따른 차익에 과세되는 세금이다. 자산의 양도는 자발적인 매각이건 법원의 경매에 의하건 그 방식을 불문한다. 법원의 경매에 의해 재산이 매각된 경우에도 자산의 양도가 있었던 것은 사실이기 때문에, 그 차익에 대해서는 양도소득의 계산이 이루어진다. 상속으로 취득한 부동산의 취득가액은 상속개시일 현재의 평가액으로 한다.

사안에서 상속인 손절남 씨는 한정승인을 할 마당에 건물의 시가를 정확히 조사하기가 귀찮아서 기준시가인 70억 원으로 신고했다. 이후 경매를 통해 100억 원에 매각되었으니, 양도차익 30억 원에 대해서는 손절남 씨에게 양도소득세가 과세된다.

대법원 2012. 9. 13. 선고 2010두13630 판결

<u>저당권의 실행을 위한 부동산 임의경매</u>는 담보권의 내용을 실현하여 현금화하기 위한 행위로서 소득세법 제4조 제1항 제3호, 제88조 제1항의 **양도소득세 과세 대상인 '자산의 양도'**에 해당하고, 이 경우 양도소득인 매각대금은 부동산의 소유자에게 귀속되며, <u>그 소유자가 한정승인을 한 상속인이라도</u> 그 역시 상속이 개시된 때로부터 피상속인의 재산에 관한 권리의무를 포괄적으로 승계하여 해당 부동산의 소유자가 된다는 점에서는 단순승인을 한 상속인과 다르지 않으므로 <u>위 양도소득의 귀속자로 보아야 함은 마찬가지</u>이다.

상황을 바꾸어 손절남 씨가 상속포기를 하였더라면 양도소득세는 부과되지 않았을 것이다. 상속 자체를 포기하면 해당 건물에 대해서 손절남 씨에게 소유권이 이전되지 않아, 건물이 경매로 넘어가건 말건 손절남 씨와 상관이 없기 때문이다.

한정승인을 하더라도 양도소득세는 내야 한다?

절반은 맞고 절반은 틀린 말이다. 얼핏 보면 상속포기가 아니라 한정승인을 한 손절남 씨는 양도차익 30억 원에 대해서 10억 원 가까운 양도소득세가 부과되는 바람에 세금폭탄을 맞게 되었다. 엄청난 판단 미스가 있었던 것으로 보인다. 하지만 실제로는 양도소득세를 안 내면 그만이다.

한정승인을 한 상속인이 상속재산의 청산을 종료하는 시점에서 발생하게 되는 비용은 "상속재산의 한도 내에서" 책임을 질 뿐이다. 그런데

상속한 부동산이 경매절차에서 매각됨에 따라 발생한 양도소득세는 상속에 관한 비용, 즉 "청산비용"에 해당한다.

상속에 관한 비용은 상속재산의 한도 내에서만 책임을 지면 되기 때문에, 건물의 경매대금에 대해 채권자들이 모두 분배를 받아가고 상속재산이 전혀 남아있지 않은 이 사건에서는 양도소득세를 납부할 책임이 없다.

 대법원 2012. 9. 13. 선고 2010두13630 판결

따라서 이 사건 양도소득세 채무가 상속채무의 변제를 위한 상속재산의 처분과정에서 부담하게 된 채무로서 민법 제998조의2에서 규정한 상속에 관한 비용에 해당하고, 상속인의 보호를 위한 한정승인 제도의 취지상 이러한 상속비용에 해당하는 조세채무에 대하여는 상속재산의 한도 내에서 책임질 뿐이라고 볼 여지가 있음은 별론으로 하고, 원고들의 한정승인에 의하여 이 사건 양도소득세 채무 자체가 원고들이 상속으로 인하여 취득할 재산의 한도로 제한된다거나 위 재산의 한도를 초과하여 한 양도소득세 부과처분이 위법하게 된다고 볼 수 없다. 이와 다른 취지의 상고이유 주장은 받아들이지 않는다.

상속인에게 일단 양도소득세 납세의무는 있지만, 양도소득세를 납부할 책임은 상속받은 재산으로 한정된다고 정리하면 된다. 손절남 씨가 양도소득세를 내지 않더라도 손절남 씨 개인재산에 대해서는 강제징수가 불가능하다. 결국, 한정승인의 취지는 달성되는 셈이다.

26. 부부가 교통사고 등으로 함께 사망한 경우라면, 사망의 선후관계를 명확히 밝혀봐야 한다

교통사고로 함께 세상을 떠난 부부,
그리고 남겨진 자녀

금슬조 씨 내외는 주변에 소문난 잉꼬부부이다. 둘 다 여행을 좋아해서 한 달에 한번은 꼭 여행을 다녀왔다. 올해 초에는 정동진으로 해돋이 구경을 갔다. 기분좋게 돌아오던 중, 고속도로에서 중앙선을 침범한 화물트럭과 정면충돌했다. 남편 금슬조 씨는 사고현장에서 즉사했고, 아내 원앙희 씨는 응급실로 후송되던 중 앰뷸런스 안에서 사망했다.

아들 하나 씨는 하늘이 무너지는 것 같았다. 겨우 정신을 차려 장례식을 치렀고, 이후 상속문제를 처리하는 과정에서 상속세 납부가 문제되었다. 전업주부였던 어머니 명의로는 별다른 재산이 없고, 아버지 명의로 부동산과 예금을 합하여 약 100억 원의 재산이 있다. 아버지와 어머니가 모두 사망하였으므로, 100억 원대인 아버지의 재산을 하나 씨가 단독으로 상속받게 되었다.

세무상담을 해보니 상속세만 무려 41억 원이 되었다. 은행 예금만으로는 상속세를 내기에 턱없이 부족해서 부동산을 처분해서 납부할 수밖에 없었다.

그런데 나중에 들은 바에 따르면 이 사건은 동시사망의 추정이 깨어진 경우이므로, 실제 납부할 세액은 29억 원 정도라고 한다. 과다납부한 12억 원은 돌려받을 수 있다고 한다. 어찌된 일일까?

금슬조 씨 부부가 동시사망으로 추정되는 경우

우리 민법에서는 2인 이상이 동일한 위난으로 사망한 경우 동시에 사망한 것으로 추정함으로써, 동시에 사망한 자들 사이에는 상속이 발생하지 않게 하려는 규정을 두고 있다.

 민법

제30조(동시사망) 2인 이상이 동일한 위난으로 사망한 경우에는 동시에 사망한 것으로 추정한다.

부부가 동시에 사망하게 되면 부부간에는 상속이 이루어지지 않는다. 부부간에 상속이 이루어지는 경우에는 「배우자상속공제」라고 해서 최대 30억 원의 세액공제가 적용되는데, 동시사망의 경우에는 이러한 세액공제를 전혀 적용받지 못하게 되는 것이다.

사례의 경우 금슬조 씨 부부가 동시에 사망한 경우라면 부부간에는 상속이 이루어지지 않아 금하나 씨가 단독상속인이 된다. 따라서 아버지의 재산 100억 원을 금하나 씨가 단독으로 상속한 것이고, 상속재산가액이 50억 원을 초과하므로 50%의 최고세율구간이 적용된다. 따라서 세무사 말대로 41억 원 이상의 상속세가 부과될 것이다.

금슬조 씨 부부 사망의 선후가 밝혀진 경우

현장에 출동한 119 구급대원의 말에 따르면, 구조 당시 금슬조 씨는 이미 숨이 멎어 있었고 아내 원앙희 씨는 아직 생존반응이 있어서 구급차로 후송하던 중 사망했다고 한다. 즉, 사망의 선후가 밝혀진 경우이므로 동시사망의 추정은 깨어지게 된다.

금슬조 씨의 사망에 따라 일단 그 재산을 아내인 원앙희 씨와 아들 금하나 씨가 공동으로 상속하게 된다. 법정상속분에 따라 원앙희 씨가 60억 원, 금하나 씨가 40억 원을 상속받게 된다. 배우자가 상속받는 경우에는 최대 30억 원까지 배우자 상속공제가 적용된다. 그렇다면 원앙희 씨의 경우 상속분 60억 원에서 30억 원만큼을 빼주고 계산하기 때문에, 원앙희 씨가 내야 할 상속세는 9억 원 정도에서 결정된다.[3] 아들 금하나 씨의 경우 상속분 40억 원에 대한 상속세는 12억 원 정도이다.[4]

물론 한 가지 문제가 더 남아있다. 아버지가 사망한 후 어머니도 곧바로 사망하였으니, 어머니의 재산에 대해서 금하나 씨가 또 상속하게 된다. 어머니의 재산 51억 원(어머니 상속분 60억 원 - 상속세 9억 원)에 대해서 금하나 씨에게 다시 상속이 이루어지니, 상속세가 또 부과되어야 한다.

다만, 우리 세법에서는 상속개시 후 10년 이내에 상속인의 사망으로 다시 상속이 개시되는 경우에는 「단기재상속」이라 해서 그 기간에 따

---

3) 과세표준은 26억 원(상속재산 60억 원 - 배우자 상속공제 30억 원 - 기초공제 2억 원 - 금융재산상속공제 2억 원)이 되고, 이에 대한 상속세는 약 9억 원이다.
4) 과세표준은 33억 원(상속재산 40억 원 - 일괄공제 5억 원 - 금융재산상속공제 2억 원)이 되고, 이에 대한 상속세는 약 12억 원이다.

라 일정 세액을 공제해준다. 사안의 경우는 재상속이 1년 이내에 이루어지는 경우로서 100%의 공제율이 적용되므로, 약 8억 원의 상속세가 추가로 과세된다.[5]

정리하자면, 부모님의 사망으로 금하나 씨가 납부해야 할 상속세는 총 29억 원(9억 원+12억 원+8억 원)이다. 동시사망이 추정되는 경우보다 세금 부담이 12억 원 가량 줄어든다. 바꾸어 말하면, 부부가 동시에 사망하면 최대 30억 원의 배우자상속공제를 적용받지 못하기 때문에 남아있는 상속인이 부담해야 할 상속세 부담이 커지게 된다.

부부가 교통사고 등으로 함께 사망한 경우라면, 남아있는 상속인으로서는 사망의 선후관계를 명확히 밝혀볼 필요가 있다.

---

5) 과세표준은 44억 원(상속재산 51억 원 – 일괄공제 5억 원 – 금융재산상속공제 2억 원)이 되고, 당초 원앙희 씨가 납부한 상속세 산출세액인 9억 원이 단기재상속 세액공제되어, 결정세액은 약 8억 원이 된다.

익명의 기부천사는 세법상으로도 천사일까

"매년 이맘 때면 지역 내 어려운 이웃들을 돕기 위해 거액을 기부하는 익명의 기부천사가 있어 감동을 주고 있다. 기부자는 자신이 누구인지는 한사코 밝히기를 거절하며, (중략)"

겨울이 되면 신문이나 방송을 통해서 자주 듣는 익숙한 내용이다. 지역에서 자산가로 소문난 인자한 씨는 위 신문기사의 주인공이다. 남들이 이야기하는 소위 기부천사에 해당하는 분으로, 자식들은 물론 주변 어느 누구에게도 알리지 않고 매년 수억 원씩을 자선단체에 익명으로 기부해왔다.

인자한 씨가 도덕적으로 존경할 만한 분이라는 점은 분명하다. 하지만, 인자한 씨의 위와 같은 선행은 자식들에게는 자칫하면 세금폭탄이라는 굴레가 될 수도 있다.

사용처가 불분명한 금전지출은 자녀들에게 증여한 것으로 추정하여 과세한다

세법에서는 사망하기 전 일정 기간 내에 피상속인(고인)의 재산이 일정 금액 이상 처분되거나 채무가 증가한 경우, 사전에 재산을 빼돌려 편법적으로 상속한 것으로 추정해 과세할 수 있는 제도를 두고 있다. 이를 "상속개시일 전 처분재산의 상속추정"이라 한다.

상속 개시일(사망일) 전 1년 이내에 2억 원 이상, 2년 이내에 5억 원 이상의 재산을 처분하거나 예금을 인출하거나 채무를 부담한 경우 그 자금을 어디에 사용했는지 밝히지 못하면 상속재산으로 추정해 세금을 과세한다. 다만, 사용처가 불분명한 금액 전액을 상속재산에 포함하는 것은 아니고, 일부 금액[6]은 차감해준다.

간단히 설명하면 사용처가 불분명한 금전지출액이 10억 원을 넘을 경우에는 2억 원을 빼고 나머지 금액을 자녀에게 증여한 것으로 추정한다.

위 사례에서 기부천사 인자한 씨가 돌아가시기 전에 익명으로 기부한 금액이 연간 10억 원씩 2년간 20억 원이라고 생각해보자.

과세당국은 자식들이 18억 원[7]을 상속받았다고 추정해서 이에 따른 상속세를 부과해버린다. 다른 요소를 배제하고 상속으로 추정한 금액만 놓고 보면 18억 원에 대하여 대략 2억 6천만 원[8]의 상속세가 부과된다. 상속추정금액이 커지게 되면 내야할 상속세의 액수가 늘어남은 물론이다.

---

6) 상속추정 배제금액 = min[용도불분명 재산처분금액 × 20%, 2억 원]
7) 용도불분명 금액(20억 원) - 상속추정 배제금액(2억 원)
8) [20억 원 - 2억 원 - 5억 원(일괄공제)] × 40% - 1억 6천만 원(누진공제) = 2억 6천만 원

나이가 들어서 쓰는 돈은 기록을 남겨야 한다

　기부를 할 때는 생색을 내는 것처럼 보이더라도 드러내는 편이 낫다. 기부금 영수증은 반드시 챙겨두고, 종합소득신고를 할 때에는 기부금 공제도 신청해야 한다.

　비단 기부의 경우만이 아니다. 나이가 들어서 쓰는 돈은 빠짐없이 기록으로 남겨두어야 한다. 황혼의 문턱에 서면 정리해야 할 일이 많아진다. 과거에 나에게 은혜를 베풀어준 지인에게 보답해야 하고, 자신의 잘못에 대한 반성의 차원에서 금전으로 보상을 해야 할 일이 생길 수도 있다. 챙겨야 할 경조사도 많아진다. 이 모든 경우에는 금전지출을 반드시 기록으로 남겨야 한다.

　지출에 대해서 납득할 만한 기록이 존재하지 않는다면, 과세관청은 이를 사용처가 불분명한 지출이라 하여 사망 이전에 자녀에게 현금으로 증여한 것으로 추정한다. 자녀가 그 사용처를 입증하지 않으면 상속세의 부담은 고스란히 자녀가 떠안게 된다.

　죽음은 피할 수 없더라도, 굳이 부담할 필요가 없는 세금은 피해야 하지 않을까.

28. 2년에서 하루라도 부족하면 최대 500억 원의 가업상속공제를 한 푼도 받지 못한다

가업에 참여하기에 앞서
다양한 경험을 쌓아보라는 아버지

진중해 씨는 유명 프랜차이즈 음식점의 창업주이다. 지방에서 5평짜리 골목식당부터 시작해서, 차별화된 레시피를 개발하여 프랜차이즈 사업을 점점 확대했다. 현재는 전국에 500개 가까운 매장을 가진 프랜차이즈 본사의 회장이 되었다. 본사에서 직접 공급하는 특제 양념이 맛의 비결이었기 때문에, 점주들은 별다른 노하우 없이도 가맹점을 운영할 수 있어서 선호했다.

진중해 씨는 자신이 은퇴하고 나면 아들 하나 씨에게 회사를 물려줄 계획이다. 아들 역시 회사를 물려받겠다는 의지와 욕심이 있다. 어릴 때부터 아버지가 식당을 운영하는 모습을 봐왔기 때문에 업종에 대한 경험도 풍부했다. 군복무를 마친 뒤 하나 씨는 아버지에게 경영에 참여하겠다는 뜻을 내비쳤다.

하지만 진중해 씨가 허락하지 않았다. 아들이 어린 나이에 회사의 후계자로서 경영에 참여할 경우 오만함과 경솔함으로 일을 그르칠 것이 걱정되었다. 진중해 씨는 아들 하나 씨에게 다른 회사에서 먼저 경험을 쌓고 오라고 했다. 하나 씨는 아버지의 뜻을 받들어 피자, 보쌈, 치킨 등 다른 프랜차이즈 업종에서 매장관리, 서빙, 배달 등 밑바닥부터 다양한 경험을 쌓았다.

아들이 서른이 되어서야 아버지는 하나 씨에게 가업에 참여할 것을 허락했다. 밤샘과 야근을 마다하지 않고 매장관리와 신메뉴 개발에 매진하는 아들을 보는 아버지는 흐뭇했다. 아버지의 65세 생일날, 아버지는 아들을 경영을 총괄하는 본부장으로 승진시켰다. 그로부터 며칠 뒤 아버지는 돌연 심장마비로 사망했다. 아들이 회사에 입사한 지 2년을 일주일 앞둔 어느 날이었다.

진하나 씨는 아버지의 장례식을 치른 후 상속신고를 하는 과정에서

회계사로부터 충격적인 이야기를 들었다. 진하나 씨가 아버지의 회사에 입사한 뒤 2년이 지났으면 가업상속공제가 적용되어 50억 원 정도의 상속세를 납부하면 되는데, 2년에서 일주일이 모자라 가업상속공제가 전혀 적용되지 않아 300억 원의 상속세를 내야 한다는 것이다. 불과 10일 차이로 250억 원의 세금 차이가 나게 된 것이다.

최대 500억 원까지 공제가 가능한 가업상속공제제도

가업상속공제란, 매출액 3천억 원 미만의 중소기업 또는 중견기업의 가업을 상속하는 경우에 가업상속재산가액을 상속세 과세가액에서 공제해주는 제도이다. 최대 500억 원까지 공제가 가능하다.

문제는 가업상속공제의 요건이 너무나 까다롭다는 점이다. 아래의 요건을 모두 충족해야 한다. 그중 하나라도 충족하지 못하면 가업상속공제를 받을 수 없다.

 가업상속공제를 받기 위한 요건

1. 피상속인의 요건
(1) 주식보유요건
   중소기업·중견기업의 최대주주로서 피상속인과 특수관계인의 지분을 합하여 소유지분 50% 이상을 10년 이상 계속하여 보유할 것

(2) 대표이사 재직요건

가업영위기간 중 다음 중 어느 하나에 해당하는 기간을 대표이사로 재직
하여야 한다.

① 50% 이상의 기간

② 10년 이상의 기간

③ 상속개시일부터 소급하여 10년 중 5년 이상의 기간

2. 상속인의 요건

(1) 상속개시일 현재 18세 이상일 것

(2) **상속개시일 전 2년 이상 직접 가업에 종사하였을 것**

(3) 상속세 과세표준 신고기한까지 임원으로 취임하고, 상속세 신고기한부터
2년 이내에 대표이사 등으로 취임할 것

가업상속공제를 받으려면
하루라도 빨리 가업에 참여해야 한다

가업상속공제의 까다로운 요건 중에서도 피상속인의 상속개시 전에
상속인이 "2년 이상" 직접 가업에 종사해야 한다는 조항이 특히 논란이
되고 있다. 피상속인이 65세 이전에 사망하거나 천재지변 및 인재 등
부득이한 사유로 사망한 경우가 아니면 예외를 인정하지 않는다.

진중해 씨는 사망 당시 65세가 넘은 상황이었고, 심장마비는 천재지
변이나 인재에 해당하지 않는다. 따라서 부득이한 사유가 인정될 수 없
다. 진하나 씨가 입사 후 2년이 지났으면 최대 500억 원까지 가업상속
공제를 적용받을 수 있었는데, 2년에서 불과 10일이 모자라 가업상속

공제를 1원도 적용받지 못하게 되었다. 가업상속공제를 적용받지 못하는 결과 약 250억 원(공제한도 500억 원에 50%의 최고세율을 적용한 금액)의 상속세를 추가로 납부하게 된 것이다.

부모의 나이가 65세를 넘은 경우라면, 가업상속공제를 받기 위해 자녀가 하루라도 빨리 가업에 참여해야 한다. 자녀가 가업에 참여한 기간이 2년을 넘지 않으면 가업상속공제를 전혀 적용받을 수 없기 때문이다.

사례에서는 자녀에게 다른 회사에서 먼저 다양한 경험을 쌓게 하려는 아버지의 깊은 뜻이, 오히려 가업상속공제를 받지 못해 거액의 상속세를 납부케 하는 안타까운 결과를 초래했다.

남편의 사망 후 자녀들의 세금부담이 걱정되어
상속세를 대신 내주려는 어머니

화목한 씨는 아내 모자애 씨와의 사이에 아들 하나 씨와 딸 두리 씨를 두고 있다. 이들은 서로를 위하고 아껴주는 화기애애한 가족으로 소문나 있다. 화목한 씨가 사망한 후 70억 원에 이르는 재산은 법정 상속비율로 아내와 자녀들에게 상속되었다. 세무사와 상담해보니 상속세는 약 14억 원이라 한다. 모자애 씨는 이미 자신의 명의로 된 재산이 많은지라 자녀들이 부담할 상속세를 대신 내주고 싶다.

이에 대해 자녀들은 어머니에 대한 도리가 아니라면서 손사래를 친다. 뿐만 아니라 자식이 내야할 부분의 상속세를 어머니가 대신 내주면, 어차피 증여로 평가되어 또다시 증여세가 부과되어 실익이 없다고 한다. 그냥 상속받은 비율대로 상속세도 나누어 납부하자고 한다. 누구 말이 맞는 것일까?

상속세의 연대납세의무

납부할 상속세는 피상속인의 유산 총액을 기준으로 계산한다. 이처럼 계산된 상속세에 대하여 상속인은 재산분배비율에 따라 납부할 의무가 있다. 사례의 경우 화목한 씨의 재산 70억 원은 법정 상속비율에 따라 상속되었으므로 그 상속비율은 모자애 씨가 1.5이고, 자녀들은 각 1이 된다. 상속받은 비율대로 납부하면 상속세 14억 원에 대해서 모자애 씨가 6억 원, 자녀들이 각각 4억 원씩 납부해야 한다.

한편, 상속인들은 각자가 받았거나 받을 재산을 한도로 연대하여 상속세를 납부할 의무를 진다. 사례의 경우 모자애 씨는 30억 원, 자녀 하나 씨와 두리 씨는 각 20억 원을 상속받았다. 모자애 씨의 경우 자신의 고유 납부비율분이 6억 원이니, 상속받은 30억 원에서 6억 원을 차감한 24억 원의 범위 내에서 연대납세의무를 진다. 복잡하게 생각할 것 없이 자신이 상속받은 재산을 초과해서 개인재산으로 상속세를 납부할 의무는 없다.

📖 상속세 및 증여세법 제3조의2 【상속세 납부의무】

① 상속인(특별연고자 중 영리법인은 제외한다) 또는 수유자(영리법인은 제외한다)는 상속재산(제13조에 따라 상속재산에 가산하는 증여재산 중 상속인이나 수유자가 받은 증여재산을 포함한다) 중 **각자가 받았거나 받을 재산을 기준으로 대통령령으로 정하는 비율에 따라 계산한 금액을 상속세로 납부할 의무가 있다.**

② 특별연고자 또는 수유자가 영리법인인 경우로서 그 영리법인의 주주 또는 출자자(이하 "주주등"이라 한다) 중 상속인과 그 직계비속이 있는 경우에는 대통령령으로 정하는 바에 따라 계산한 지분상당액을 그 상속인 및 직계비속이 납부할 의무가 있다.

③ 제1항에 따른 **상속세는 상속인 또는 수유자 각자가 받았거나 받을 재산을 한도로 연대하여 납부할 의무를 진다.**

배우자가 상속세를 대신 납부하면 자녀의 상속세 부담을 줄이면서 증여의 효과까지 누릴 수 있다

상속인들은 각자가 상속받은 재산의 한도에서 상속세의 연대납세의무가 있으므로, 30억 원을 상속받은 모자애 씨가 상속세 14억 원 전액을 납부해도 문제될 것이 없다.

이렇게 배우자가 상속세를 납부한다면 자녀의 상속세 부담을 줄이게된다. 이는 망인의 배우자가 자녀에게 상속세 상당액을 현금으로 증여한 것과 마찬가지 효과를 가지게 된다. 물론, 증여세를 납부할 의무는없다. 연대납세의무의 범위 내이기 때문이다.

다만, 배우자가 상속세를 전부 부담하기로 결정한 경우에 좀 더 고민해야 할 부분이 있다.

새로운 증여의 문제가 발생하지 않도록 주의해야 한다

만약 상속재산을 초과해서 납부한다면, 그 부분은 증여가 되어 별도로 과세한다. 사례에서 법정상속이 아닌 지정상속이 이루어졌고, 화목한 씨가 배우자인 모자애 씨에게는 10억 원만 상속했다고 가정해보자.

배우자가 상속받은 재산이 10억 원인데, 상속세 14억 원 전부를 납부한다면 10억 원을 초과한 나머지 4억 원 부분에 대해서는 모자애씨가 자녀들에게 증여한 것이 된다. 따라서 4억 원에 대한 증여세가과세된다.

상속세 납부 이후에도 배우자에게 경제적 기반이 남아있어야 한다

사안에서 모자애 씨는 상속받은 재산이 30억 원인데, 상속세 14억 원을 현금으로 납부하면 남아있는 재산이 절반 정도로 줄어들게 된다. 만약 남아있는 재산이 거주 중인 주택 등으로 현금화가 어렵고, 자녀들이 어머니를 나 몰라라 하는 경우라면 경제적 어려움에 빠질 수 있다.

모자애 씨는 이미 자신이 보유한 재산이 많아 별 문제가 되지 않았지만, 그렇지 않은 경우라면 고민해볼 필요가 있다. 자녀들의 요구에 따라 자녀들의 부담부분까지 상속세를 대신 내주었다가 말년에 경제적 곤궁에 시달릴 수도 있는 것이다.

30. 자신의 사후 방탕한 아들의 미래가 걱정된다면 유언대용신탁을 활용하자

상속받은 재산을 날려버릴 것이 뻔한 방탕한 아들

100억 원대의 임대용 빌딩을 소유해서 재력가로 소문난 근심만 씨는 요즘 걱정이 많다. 무엇 하나 제대로 하는 일이 없는 아들 하나 씨 때문이다. 하나 씨는 게으른 천성에 끈기도 없다 보니 어렵게 들어간 직장에서도 몇 달 버티지 못하고 나오기 일쑤였다. 자기 이름을 내걸고 사업을 하면 달라질까 싶어서 원하는 대로 가게를 차려줬지만 사업밑천을 금방 날려먹었다. 낭비벽까지 있어서 주머니에 돈이 있기만 하면 유흥비 등으로 흥청망청 써버린다.

근심만 씨는 또다시 사업밑천을 달라는 아들의 요구를 단호히 거부하고, 월 500만 원씩 생활비만 지급하고 있다. 문제는 이제 70줄에 접어든 근심만 씨가 언제 세상을 떠날지 모른다는 사실이다. 근심만 씨가 세상을 떠나고 아들 하나 씨가 상속받게 되면 얼마 못가서 전 재산을 탕진할 것은 불을 보듯 뻔하다.

근심만 씨는 자신이 죽고 나서 아들 하나 씨가 상속재산 자체에는 손을 대지 못하도록 하고, 다만 상속재산에서 발생하는 수익으로 하나 씨의 생활비를 꾸준히 지원할 수 있는 방법을 생각하고 있다. 이런 경우라면 「유언대용신탁」을 활용하면 된다.

유언대용신탁이란

「유언대용신탁」은 말 그대로 유언을 대신할 수 있는 유형의 신탁이다. 신탁계약에 따라 해당 자산의 소유권이 신탁회사에게 이전되기 때문에, 위탁자가 사망하여도 상속이 일어나지 않는다. 위탁자가 원하는 방식으로 자산을 관리하고 운용할 수 있고, 사망 이후의 자금 지급시기나 방법, 대상도 자유롭게 설계가 가능하다.

근심만 씨의 경우라면 자기 명의의 빌딩 소유권을 신탁회사에 이전한 다음, 아들 근하나 씨를 신탁재산의 수익자로 지정하면 된다. 근심만 씨가 죽더라도 빌딩은 근하나 씨에게 상속되지 않기 때문에 근하나 씨는 이를 처분할 수 없다. 근심만 씨가 정한 바에 따라 빌딩의 임대수입을 재원으로 근하나 씨는 신탁회사로부터 매월 일정 금액을 지급받을 수 있을 뿐이다.

유언대용신탁의 커다란 장점은 재산을 안전하게 지킬 수 있다는 점이다. 신탁회사가 빌딩의 소유자이기 때문에, 나중에 근하나 씨가 파산하더라도 근하나 씨의 채권자들은 빌딩을 넘볼 수 없다.

📖 신탁법 제59조 【유언대용신탁】
① 다음 각 호의 어느 하나에 해당하는 신탁의 경우에는 위탁자가 수익자를 변경할 권리를 갖는다. 다만, 신탁행위로 달리 정한 경우에는 그에 따른다.
1. 수익자가 될 자로 지정된 자가 위탁자의 사망 시에 수익권을 취득하는 신탁
2. **수익자가 위탁자의 사망 이후에 신탁재산에 기한 급부를 받는 신탁**
② 제1항 제2호의 수익자는 위탁자가 사망할 때까지 수익자로서의 권리를 행사하지 못한다. 다만, 신탁행위로 달리 정한 경우에는 그에 따른다.

신탁계약 체결 시 근심만 씨가 유의해야 할 사항

근심만 씨 살아생전에는 근심만 씨가 근하나 씨에게 직접 생활비를 주면서 근하나 씨를 통제할 수 있지만, 근하나 씨가 사망하고 나면 그런 통제장치가 없기 때문에 신탁회사의 역할이 중요하다.

따라서 아래와 같은 내용을 고려하여 신탁계약에 들어갈 내용을 면밀히 검토해야 한다.

신탁회사에 대한 보수

수탁자 역할에 따라 보수가 발생하는 것은 당연하다. 신탁계약 체결 시 지급되는 보수와 향후 신탁재산의 관리 및 운용에 따른 보수 등이 별도로 존재한다. 다만, 신탁회사에게 지급하는 보수가 과도할 경우에는 수익자에게 지급되는 금액이 줄어들 수밖에 없다.

신탁기간에 대한 고려

현행법상으로는 신탁기간에 대한 제한이 없기 때문에, 근심만 씨의 사망 후 아들 근하나 씨도 사망할 때까지 계속 진행되는 내용의 신탁도 가능하다. 다만, 이렇게 되면 지나치게 장기간 해당 재산이 신탁회사의 소유로 묶이는 데 따른 문제가 발생할 수 있다.

근하나 씨에게 자녀[9]가 있다면,(근심만 씨에게는 손자) 손자가 성장한 뒤에는 신탁이 종료되고 손자의 판단에 따라 재산 처분이 가능해지는 내용으로 계약구조를 짜는 것도 생각해볼 수 있다.

유류분반환청구와의 관계

「수익자연속신탁」에서도 이미 살펴본 내용이다. 상속인인 수익자가 수익자로서의 지위를 거부하고 상속인으로서 유류분을 주장하는 경우이다.

이에 대해서 최근 하급심 판례는 "고인이 유언대용신탁으로 맡긴 재산의 소유권은 고인이 아니라 신탁을 받은 금융회사가 가진다"며 신탁재산은 유류분의 대상이 될 수 없다고 판결했다. 유언대용신탁을 통해 유류분을 무력화할 수 있다는 결과가 되는데, 대법원에서도 이 판결이 그대로 유지될지는 좀 더 지켜봐야 한다.

상속세 과세

종전에는 유언대용신탁에 대해 증여세가 과세되었으나, 2020년 세법 개정에 따라 앞으로는 유언대용신탁과 수익자연속신탁에 대해 상속세가 과세된다.

---

9) 근하나 씨와는 달리 그 자녀는 똑부러지는 성격이라면 더 좋을 것이다.

전 재산을 날리고 찜질방을 전전하는 유명 탤런트

1980년대에 '임영규 – 견미리'라는 부부탤런트로 유명한 커플이 있었다.[10] 임영규 씨의 부친은 삼성그룹 이병철 창업주가 돈을 빌리러 올 정도로 거부였다고 한다. 하지만 자식에게 돈 버는 혹은 돈 쓰는 법을 제대로 가르치지 않았던 것 같다.

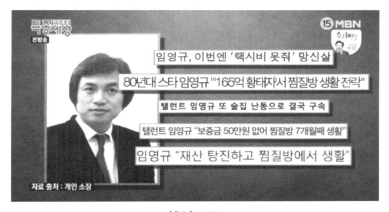

[출처] MBN

부친이 세상을 떠난 후 165억 원(현재 가치로 환산하면 600억 원 정도)의 막대한 재산을 상속받은 임영규 씨는 이른바 파티피플(Party People)로 유명했다. 방탕한 생활로 인해 아내 견미리 씨와의 사이가 악화되었고, 자녀들의 양육권은 견미리 씨가 갖는 내용으로 협의이혼했다. 이후 임영규 씨는 미국으로 이민을 가서 산타모니카에 5,000평짜리 대저택을 구입한 후 하루가 멀다 하고 파티를 벌였다. 결국 몇 년 만에 재산을 모두

---

10) 아래는 임영규 씨가 언론 인터뷰를 통해 스스로 밝힌 내용이다.

탕진해버리고 만다. 이후 임영규 씨가 다른 형제자매들에게 계속 손을
벌리다 보니 형제간에도 인연이 끊겼다.

나중에는 스스로 숙식을 해결하는 것조차 어렵게 되어 찜질방을 전
전하였고, 무전취식을 반복하다가 형사처벌을 받았다는 기사가 언론에
실리기도 했다. 현재 60세가 넘은 임영규 씨는 교회 청소를 하며 근근
이 살아가고 있다.

당시에 「유언대용신탁」이라는 제도가 있었다면, 이런 안타까운 일은
발생하지 않았을지도 모른다.

전처로부터 낳은 자녀와
후처와의 갈등이 고민되는 유부단 씨

유부단 씨는 사별한 아내와의 사이에 딸 하나 씨와 아들 두리 씨 이렇게 2명의 자녀를 두었다. 아내가 일찍 세상을 떠나는 바람에 엄마 없이 키웠음에도 딸과 아들 모두 반듯하게 성장했다. 한편, 유부단 씨는 10여 년 전 지인 소개로 남편과 사별하고 홀로 외아들을 키우고 있는 후처희 씨를 알게 되었다. 두 사람 모두 비슷한 처지라 공감하는 부분이 많았고, 살림을 합친 후 혼인신고까지 마쳤다. 후처희 씨와의 사이에 자녀는 두지 않았다.

유부단 씨는 요즘 고민이 많다. 본인의 건강이 그리 좋지 않은 데다가, 최근 들어 유부단 씨의 자녀들과 후처희 씨 사이에 갈등이 심하다. 후처희 씨가 유부단 씨의 돈으로 자기 아들의 유학자금을 댄 것이 발단이었다. 유부단 씨의 승낙을 받기는 했다. 하지만 유부단 씨의 자녀들 입장에서는 자신들과 피 한 방울 전혀 섞이지 않은 남의 자식 학비가 아버지 주머니에서 나가는 것을 납득할 수 없었다.

유부단 씨는 시가 50억 원 가량의 꼬마빌딩을 보유하고 있다. 건물 맨 윗층에는 유부단 씨와 아내가 거주하고, 나머지 층은 모두 점포를 임대하여 임대수입이 월 2천만 원 정도 된다. 생활에는 전혀 어려움이 없는 수준이다.

문제는 유부단 씨가 죽고 나서이다. 전처 소생인 유부단 씨의 자녀와 후처희 씨가 사이좋게 건물을 공동소유할 가능성은 없다. 부동산을 처분해서 상속비율대로 분할할 것인데, 그렇게 되면 현재 살고 있는 주거지와 고정적인 임대수입이 모두 사라지게 된다. 스스로 생계를 유지할 능력이 없는 후처희 씨가 집도 없는 상태에서 현금 십수 억 원을 손에 쥐어봐야 노년에 생활유지가 가능할지 의문이다.

그렇다고 후처희 씨에게 단독으로 건물의 소유권을 이전해주면 자녀들이 가만히 있을 리 없다. 게다가 단독상속이 이루어지면 나중에 후처희 씨가 사망한 뒤 후처희 씨와 전 남편 사이의 아들이 그 건물을 상속받을텐데, 이런 상황은 유부단 씨도 원하지 않는다.

유부단 씨는 자신이 세상을 떠난 뒤에 후처희 씨가 건물 임대수입으로 노후생활을 편안하게 보내다가, 후처희 씨 역시 사망하고 난 뒤에는 자신의 자녀인 유하나 씨와 유두리 씨가 그 이익을 누리는 게 가장 합리적인 해결책이라고 생각한다.

수익자연속신탁을 통해 재산승계의 방식과 시기를 유연하게 결정할 수 있다

일단 「신탁」의 개념부터 정리해보자

신탁이란 위탁자와 수탁자 간의 계약으로 대상 재산을 수탁자의 소유로 이전하고, 수탁자는 신탁계약에 따라 이전받은 재산을 관리하고, 위탁자가 지정한 수익자에게 신탁의 이익을 귀속케 하는 계약을 말한다.

사례의 경우라면 유부단 씨가 위탁자가 된다. 수탁자는 신탁업무를 전문으로 하는 신탁회사로 정하면 된다. 유부단 씨가 보유한 건물의 소유권을 일단 신탁회사에 이전해준 뒤, 신탁회사가 건물을 관리하면서 유부단 씨 사망 후에는 임대수입을 수익자인 후처희 씨에게 지급하는 구조가 된다.

다음으로 「수익자연속신탁」이란 수익자가 사망한 경우 그 수익자가 갖는 수익권이 소멸하고, 다른 사람이 새로 수익권을 취득하도록 정할 수 있는 신탁이다

유부단 씨가 사망하면 일단 후처희 씨가 수익자가 되지만, 후처희 씨도 사망하고 나면 유부단 씨의 자녀들로 수익자가 바뀐다. 따라서 신탁회사는 후처희 씨 사망 후에는 건물의 임대수입을 유하나 씨와 유두리 씨에게 지급하게 된다.

이런 방식을 택하면 후처희 씨가 사망한 뒤 후처희 씨의 아들이 유부단 씨의 재산을 상속받게 되는 결과도 막을 수 있다.

📖 신탁법 제60조【수익자연속신탁】

신탁행위로 수익자가 사망한 경우 그 수익자가 갖는 수익권이 소멸하고 타인이 새로 수익권을 취득하도록 하는 뜻을 정할 수 있다. 이 경우 수익자의 사망에 의하여 차례로 타인이 수익권을 취득하는 경우를 포함한다.

아직 법률적으로 정리되지 않은 문제들

앞에서 본 것처럼 수익자연속신탁을 설정하게 되면 해당 부동산의 소유권은 신탁회사가 가지되, 수익권은 배우자, 자녀의 순서로 넘어가게 된다.

민법상 상속이나 유증을 할 경우에 해결하기 어려운 문제들을 피하면서 목적한 바를 달성할 수 있는 것이다. 다만, 아직은 법률에 빈틈이 많아 앞으로 법 개정이나 판례로 해결해야 할 부분이 남아있다.

상속인들이 유류분을 주장하는 경우에는 어떻게 되나

우선 유부단 씨의 사망 후 부동산의 수익자가 후처희 씨 단독으로 지정된 것에 대해서 유하나 씨와 유두리 씨가 유류분 침해를 주장하는 경우이다. 물론 이들도 후처희 씨가 사망한 뒤에는 수익자로 지정되어 있으나, 후처희 씨가 젊고 건강하다면 마냥 기다릴 수는 없는 노릇이다. 유하나 씨와 유두리 씨가 시기가 불확실한 수익자의 지위를 포기하고, 아버지의 사망 시점에서 상속인으로서의 유류분을 주장하는 경우에 어떻게 해결해야 하는지 명확하지 않다.

최근 하급심 판례는 유언대용신탁과 관련하여 신탁계약은 유류분의 대상이 될 수 없다고 판시한바 있다. 신탁계약으로 유류분을 무력화할 수 있다는 것인데, 대법원에서도 해당 판례가 유지될 것인지는 좀 더 지켜볼 필요가 있다.

신탁의 존속기간은 언제까지인가

유부단 씨가 신탁회사와 신탁계약을 체결하면서 그 존속기간을 별도로 정하지 않은 경우, 과연 신탁이 언제까지 존속하는 것인지도 문제된다. 후처희 씨 사망 후에 유하나 씨와 유두리 씨가 수익자가 되어 임대수익을 받는 것까지는 알겠는데, 유하나 씨나 유두리 씨가 사망하면 어떻게 되냐는 것이다.

유하나 씨나 유두리 씨의 입장에서는 죽을 때까지 임대수익만 받을 것이 아니라, 신탁계약을 해지하고 소유권 자체를 이전받거나 신탁재산을 처분하여 그 대금을 일시에 수령하고 싶어할 수도 있다.

무제한의 존속기간을 갖는 신탁은 사회정책적으로도 바람직하지 않기 때문에 이에 대한 법률 정비가 필요하다. 참고로 우리 신탁법의 모델이 된 일본 신탁법에서는 수익자연속신탁의 존속기간을 30년으로, 미국 신탁법에서는 21년으로 한정하고 있다.

Chapter 02

증여편

세금

가난한 유년시절을 보냈던 나성실 씨는 20대부터 열심히 일하여 5억 원짜리 아파트 2채와 기타재산 2억 원을 모았다. 현재는 부인과 성인이 된 아들, 딸과 함께 가족을 이루고 은퇴 후 여행을 다니며 여유로운 생활을 즐기던 나성실 씨는 어느 날 평소 친하게 지내던 친구의 갑작스런 사망소식을 전해 듣게 된다.

자신도 갑자기 죽을지 모른다는 생각에 남겨질 가족들의 상속세 부담을 줄여줄 방법을 고민하고 있다. 우리나라 상속세와 증여세는 누진세이기 때문에 사전증여를 통해 상속세 부담을 낮출 수 있다고 생각하고, 자녀들에게 아파트를 각각 1채씩 증여할 생각을 가지고 평소 친한 회계사를 찾아갔다.

회계사는 사전증여를 하면 오히려 세금이 더 나올 거라고 나성실 씨에게 말했다. 누진세인 상속세가 사전증여로 상속재산이 줄어드는데, 어떻게 더 나올까?

우리나라 상속세는 상속재산이 많아질수록 세율이 높아지는 누진세율 구조로 이루어져 있기 때문에, 나성실 씨처럼 사전증여를 통해 상속재산에 포함되는 재산을 줄여 낮은 구간의 상속세율을 적용하려는 시도를 많이 하게 된다.

이러한 시도를 제한하고자 상속세 및 증여세법은 상속개시일로부터 10년 이내에 상속인들에게(상속인 외의 자의 경우 5년 이내) 증여한 재산은 상속재산에 가산하여 상속세를 계산한다. 이때 상속재산에 포함되는 사전증여 금액은 상속공제로서 공제해 주지 않는다.

이것이 무슨 의미일까? 예를 들면, 배우자와 자녀가 상속인인 경우로서 상속개시일 전 3년 이내에 증여한 금액이 5억 원, 남은 상속재산이 5억 원인 경우 상속공제는 사전에 증여한 증여재산은 제외되기 때문에 남은 상속재산인 5억 원까지만 공제된다.

만약 3년 전에 증여하지 않고 모두 상속재산에 포함된 경우 일괄공제(5억 원)와 배우자공제(최소 5억 원)를 합하여 10억 원까지 공제가 가능하므로 납부할 상속세는 '0'이 된다.

📖 상속세 및 증여세법 제24조【공제 적용의 한도】

제18조부터 제23조까지 및 제23조의2에 따라 공제할 금액은 제13조에 따른 상속세 과세가액에서 다음 각 호의 어느 하나에 해당하는 가액을 뺀 금액을 한도로 한다. 다만, 제3호는 상속세 과세가액이 5억 원을 초과하는 경우에만 적용한다.

1. 선순위인 상속인이 아닌 자에게 유증 등을 한 재산의 가액
2. 선순위인 상속인의 상속 포기로 그 다음 순위의 상속인이 상속받은 재산의 가액
3. 제13조에 따라 상속세 과세가액에 가산한 증여재산가액(제53조 또는 제54조에 따라 공제받은 금액이 있으면 그 증여재산가액에서 그 공제받은 금액을 뺀 가액을 말한다)

그러면 나성실 씨의 경우 사전증여를 한 경우와 사전증여를 하지 않은 경우의 상속세를 비교해 보자.

1. 사전증여를 한 경우

(1) 증여세

구 분	증여세
증여재산(자녀 1인당)	5억 원
증여재산공제	(-)5천만 원
과세표준	4억 5천만 원
세율	20%
누진공제	(-)1천만 원
산출세액	8천만 원
증여 자녀 수	2인
총증여세	1억 6천만 원

(2) 상속세

구 분	상속세
상속재산	2억 원
증여재산(10년 이내)	10억 원
상속공제(일괄공제, 배우자공제 등 공제한도 적용)	(-)2억 원
과세표준	10억 원
세율	30%
누진공제	(-)6천만 원
산출세액	2억 4천만 원
증여세액 공제	1억 6천만 원
납부할 상속세	8천만 원

사전증여를 한 경우, 총 납부할 세액은 증여세 1억 6천만 원과 상속세 8천만 원을 합하여 총 2억 4천만 원이 된다.

2. 사전증여를 하지 않은 경우

구 분	상속세
상속재산	12억 원
일괄공제	(-)5억 원
배우자공제	(-)5억 원
과세표준	2억 원
세율	20%
누진공제	(-)1천만 원
산출세액	3천만 원

사전증여를 하지 않은 경우 상속세는 3천만 원으로, 사전증여를 한 경우보다 무려 2억 1천만 원이 줄어들게 된다. 따라서 나성실 씨의 경우에는 사전증여를 하지 않고 모두 상속을 하는 것이 유리하다.

그러면 사전증여가 유리한지 사망한 후 상속이 유리한지 어떻게 알 수 있을까? 이는 피상속인의 재산규모, 가족구성 등을 모두 종합적으로 고려해야 한다. 일반적으로 재산이 10억 원 이하인 경우는 상속이 유리하고, 10억 원이 넘는 경우는 장기적인 안목을 가지고 접근해야 한다.

하지만 부동산의 경우 사전에 증여할 경우 미래의 상속시점보다 낮은 금액으로 평가될 수 있으므로, 가격상승분을 고려하였을 경우 사전

증여가 유리할 수도 있다. 부동산뿐만 아니라 주식의 경우에도 미래에 상당한 정도의 주식가치 상승이 예상된다면, 향후에 상속재산에 합산된다 하더라도 사전에 증여하여 낮게 평가된 금액으로 상속재산에 포함되게 하는 것이 유리한 경우도 있다.

따라서 사망일로부터 10년 이전의 증여는 상속재산에 포함되지 않으므로, 부모님이 건강하시다면 10년마다 일정금액을 증여함으로써 상속재산금액을 감소시키는 것이 가장 유리할 수 있다.

사전증여는 종합적인 판단이 필요하므로, 재산의 규모가 클수록 전문가를 찾는 것이 세금을 줄이는 가장 좋은 방법이다.

올해 80세가 된 나성실 씨는 3억 원 상당의 토지를 보유하고 있다. 나성실 씨는 죽기 전에 토지를 물려주는 것이 상속하는 것보다 나을 것이라고 생각하고 있다. 나성실 씨의 외동아들인 나홀로 씨에게 증여를 하자니 아들의 나이도 이미 60세가 다 되어 증여 후에 또 증여나 상속이 발생할 것 같아서 직장을 다니는 손자에게 증여를 하는 것이 낫다는 생각이 들었다.

나성실 씨는 손자에게 토지를 증여할 때 얼마의 증여세가 나올지를 알아보기 위해 동네의 세무사사무실에 들렀는데, 예상치도 못했던 이야기를 듣게 되었다. 손자에게 바로 증여를 하게 되면 30%의 세금이 더 늘어난다는 것이다.

그렇다면 손자에게 증여하는 것은 늘 불리한 것일까?

나성실 씨가 나홀로 씨에게 증여를 하고, 나홀로 씨가 자녀에게 증여를 한다면 증여가 두 번 발생하므로 증여세도 두 번 발생하게 된다. 그러나 나성실 씨가 손자에게 바로 증여할 경우에는 증여가 한 번만 발생하므로 증여세도 한 번만 부과할 수 밖에 없어 그만큼 증여세가 줄어드는 문제가 있다.

그래서 자녀가 살아 있는 상태에서 손자녀에게 증여나 상속을 하게 되면 원래 납부하여야 할 세금보다 더 많은 세금을 납부해야 하는데, 이것을 '할증과세'라고 한다. 할증과세는 기본적으로 원래 납부하여야 하는 세금에 30%를 추가로 납부하여야 하는데, 자녀에게 증여하였을 경우보다 1.3배의 세금을 더 납부해야 하는 것이다. 또한 손자녀가 미성년자이고 증여재산가액이나 상속재산가액이 20억 원을 넘을 경우에는 30%가 아니라 40%가 추가과세된다.

다만, 자녀가 이미 사망하여 손자녀에게 증여나 상속을 하게 될 때에는 할증과세가 적용되지 않는다.

📖 상속세 및 증여세법 제27조【세대를 건너뛴 상속에 대한 할증과세】

상속인이나 수유자가 피상속인의 자녀를 제외한 직계비속인 경우에는 상속세산출세액에 상속재산 중 그 상속인 또는 수유자가 받았거나 받을 재산이 차지하는 비율을 곱하여 계산한 금액의 30%(피상속인의 자녀를 제외한 직계비속이면서 미성년자에 해당하는 상속인 또는 수유자가 받았거나 받을 상속재산의 가액이 20억 원을 초과하는 경우에는 40%)에 상당하는 금액을 가산한다. 다만, 「민법」 제1001조에 따른 대습상속(代襲相續)*의 경우에는 그러하지 아니하다.

* 대습상속이란, 원래의 상속인이 상속의 개시 이전에 사망하거나 결격으로 인하여 상속권을 상실한 경우 그 사람의 직계비속이 상속하는 것을 말한다.

📖 상속세 및 증여세법 제57조【직계비속에 대한 증여의 할증과세】

① 수증자가 증여자의 자녀가 아닌 직계비속인 경우에는 증여세산출세액에 30%(수증자가 증여자의 자녀가 아닌 직계비속이면서 미성년자인 경우로서 증여재산가액이 20억 원을 초과하는 경우에는 40%)에 상당하는 금액을 가산한다. 다만, 증여자의 최근친(最近親)인 직계비속이 사망하여 그 사망자의 최근친인 직계비속이 증여받은 경우에는 그러하지 아니하다.

그렇다면 할증과세 때문에 손자에게 증여하는 것은 항상 불리할까? 결론적으로 말하면 그렇지 않은 경우가 많다. 우리나라의 상속세와 증여세는 소득세와 마찬가지로 누진세율을 적용하고 있는데, 누진효과 증여공제를 잘 활용하게 되면 세금을 더욱 절약할 수 있다.

위의 사례에서 나성실 씨가 3억 원의 토지를 아들에게 모두 증여하는 경우와 아들과 손자에게 각각 50%씩 증여하는 경우의 세금은 다음과 같다.

구 분	아들에게 모두 증여	아들과 손자에게 50%씩 증여			차 이
		아들	손자(성년)	합 계	
증여재산	300,000,000원	150,000,000원	150,000,000원		
증여공제	−50,000,000원	−50,000,000원	−50,000,000원		
과세표준	250,000,000원	100,000,000원	100,000,000원		
한계세율	20%	10%	10%		
누진공제	−10,000,000원				
산출세액	40,000,000원	10,000,000원	10,000,000원		
할증세액			3,000,000원		
할증후세액	40,000,000원	10,000,000원	13,000,000원	23,000,000원	17,000,000원
신고세액공제	−1,200,000원	−300,000원	−390,000원		
납부세액	38,800,000원	9,700,000원	12,610,000원	22,310,000원	16,490,000원

나성실 씨가 3억 원의 토지를 아들과 손자에게 각각 50%씩 증여할 경우 손자에게 증여한 재산에 대해서 증여세가 할증과세되더라도 분할증여를 통한 증여공제금액의 추가효과와 낮은 한계세율 적용효과 때문에 아들에게 모두 증여한 경우보다 1,649만 원의 세금이 줄어드는 효과가 있다.

따라서 손자녀가 있을 경우 다양한 시뮬레이션을 통해서 증여세나 상속세가 최소화되는 구간을 찾는 것이 매우 중요하다.

손자가 토지의 50%를 증여받게 되면 증여세를 1,610만 원만큼 납부하고 약 4%의 취득세 등을 납부하여야 하는데, 이 금액을 할아버지가 대납하게 되면 이 금액도 증여에 포함되어 증여세가 추가과세되므로 주의하여야 한다.

특히 과세관청에서는 미성년자가 부동산, 주식 등 비현금성자산을 증여받을 경우 증여세의 납부원천에 대해서 면밀하게 조사하므로 특히 주의하여야 하고, 손자녀가 증여세 등을 납부할 능력이 없다면 비현금성자산과 함께 납부하여야 하는 증여세와 취득세에 해당하는 현금도 함께 증여하는 것이 향후에 가산세라도 줄일 수 있게 된다.

나잘남 씨는 아버지로부터 시세 40억 원의 꼬마빌딩을 증여받게 되었다. 국내 유명한 대학교의 경영학과를 졸업한 나잘남 씨는 국세청 홈택스의 사이트를 이용하여 40억 원에 대한 증여세를 계산한 후 그 금액으로 신고하고 납부하였다.

이후 나잘남 씨는 학교 동기회 모임에서 회계사무실을 운영하고 있는 친구에게 회계사나 세무사 자격증이 없는데도 스스로 증여세를 신고하고 납부하였다고 자랑스레 이야기하였다.

그런데 회계사 친구로부터 들은 대답은 실제로 납부해야 하는 증여세보다 더 많은 세금을 냈다는 것이었다.

그 이유는 무엇일까?

비현금성자산을 증여받거나 상속받은 경우, 그 재산을 평가하여 가액을 확정해야 한다. 증여재산가액이나 상속재산가액은 최근의 매매가액이나 매매사례가액을 먼저 적용하고, 매매가액이나 매매사례가액이 없는 경우 감정가액과 상속세 및 증여세법에서 별도로 정해 놓은 보충적 평가방법을 순서대로 적용하여 평가해야 한다. 다만, 주식의 경우에는 감정가액을 인정하지 않는다.

상속세 및 증여세법에서는 매매가액 등을 '시가'라고 하는데, 시가란 불특정 다수인 사이에 자유롭게 거래가 이루어지는 경우에 통상적으로 성립된다고 인정되는 가액으로 하고 평가기준일 전후 6개월(증여의 경우 3개월) 이내에 매매·감정·수용·경매·공매가 있는 경우 확인되는 가액을 말한다.

나잘남 씨 아버지가 최근에 꼬마빌딩을 취득하였다면 그 취득금액이 매매가액이 되는 것인데, 취득한지 오래되었거나 토지만 매입해서 건물을 지은 경우에는 최근의 매매가액이 없으므로 감정가액으로 하거나 감정가액이 없다면 기준시가(보충적 평가가액)로 평가해야 한다. 다만, 아파트의 경우 증여나 상속대상이 된 아파트의 최근 매매가격이 없더라도 같은 평수의 다른 아파트의 매매사례가액을 확인할 수 있으므로, 그 최근의 매매사례가액을 시가로 적용한다.

감정가액은 원칙적으로 증여일 또는 상속개시일을 기준으로 증여 또는 상속목적으로 평가하여야 하며, 감정가액이 10억 원을 초과하는 경우에는 2개 이상의 감정기관으로부터 감정을 받아 평균액을 사용해야 한다. 최근에 담보대출 목적으로 은행을 통해 감정을 받았다 하더라도 담보목적으로 감정한 감정가액은 증여나 상속목적의 감정평가가액으로 인정되지 않는다. 또한 감정가액이 너무 낮은 경우에는 그 감정가액을 시가로 인정하지 않는다.

📖 상속세 및 증여세법 제60조 【평가의 원칙 등】

⑤ 감정가격을 결정할 때에는 대통령령으로 정하는 바에 따라 둘 이상의 감정기관(10억 원 이하의 부동산의 경우에는 하나 이상의 감정기관)에 감정을 의뢰하여야 한다. 이 경우 관할 세무서장 또는 지방국세청장은 감정기관이 평가한 감정가액이 다른 감정기관이 평가한 감정가액의 80%에 미달하는 등 대통령령으로 정하는 사유가 있는 경우에는 대통령령으로 정하는 바에 따라 대통령령으로 정하는 절차를 거쳐 1년의 범위에서 기간을 정하여 해당 감정기관을 시가불인정 감정기관으로 지정할 수 있으며, 시가불인정 감정기관으로 지정된 기간 동안 해당 시가불인정 감정기관이 평가하는 감정가액은 시가로 보지 아니한다.

나잘남 씨 아버지의 건물에 대한 감정가액이 없는 경우에는 기준시가로 평가해야 하는데, 토지는 개별공시지가로, 건물은 상속세 및 증여세법에서 별도로 정한 평가방법으로 기준시가를 계산해서 평가해야 한다.

일반적으로 건물의 보충적 평가금액은 시세의 50~70% 정도 수준에 해당하므로, 보충적 평가방법으로 평가하여 증여세를 계산할 경우에는 시세에 비해 매우 낮게 계산된다.

나잘남 씨 아버지의 건물을 시세인 40억 원으로 평가하는 경우와 보충적 평가방법으로 산출한 금액(시세의 60% 가정)으로 평가할 경우 증여세를 비교하면 다음과 같다.

구 분	시세로 평가 시	보충적 평가방법으로 평가 시	차 이
재산가액	40억 원	24억 원	
증여공제	-5천만 원	-5천만 원	
과세표준	39억 5천만 원	23억 5천만 원	
한계세율	50%	40%	
누진공제	-4억 6천만 원	-1억 6천만 원	
산출세액	15억 1천 5백만 원	7억 8천만 원	7억 3천 5백만 원
신고세액공제	-4천 5백 45만 원	-2천 3백 4십만 원	
납부세액	14억 6천 9백 55만 원	7억 5천 6백 6십만 원	7억 1천 2백 95만 원

기준시가로 증여세를 납부할 경우 시세보다 매우 낮게 산출되는 문제점이 있으므로 우리나라에서도 세법을 개정하여 꼬마빌딩을 기준시가로 평가하여 증여세나 상속세를 신고하는 경우 국가의 비용으로 해당 꼬마빌딩을 감정하여 증여세나 상속세를 결정할 수 있도록 하였고, 그 감정평가비용을 충당하기 위해 별도의 예산을 마련하게 되었다.

따라서 꼬마빌딩을 증여하거나 상속할 때 기준시가로 평가할지, 아니면 감정가액으로 할지는 전문가와 상담하여 결정하여야 한다.

또 기준시가로 평가한다 하더라도 월세환산가액, 담보가액 등이 기준시가보다 더 큰 경우에는 그 금액을 보충적 평가가액으로 판단하므로 주의하여야 한다.

올해 나이 오십인 나조급 씨는 대학을 졸업한 이후 지금까지 열 번의 직업을 바꿨다. 나조급 씨는 대학에서 임상병리학과를 전공하고 졸업 후 부산의 한 중소병원에서 임상병리사로 근무하였는데, 적성에 잘 맞지도 않았고 의사들에 비해서 턱없이 낮은 월급이 성에 차지 않았다.

나조급 씨는 임상병리사로 근무한 지 2년째 되던 날 과감하게 사표를 던졌다. 조그만 도시에 있는 아버지의 3층짜리 건물 1층에서 피자가게를 열게 되었기 때문이다.

그러나 피자가게도 성에 차지 않았다. 브랜드가 알려지지 않은 피자가게이다 보니 판매단가가 너무 낮았고 마진도 낮을 수 밖에 없었다. 좀 더 마진이 높은 업종을 찾아 헤매이다 결국 치킨집, 의류점, 문방구점, 플라워 숍, 우유대리점, 두유대리점, 찜질방 매점 등 정말 다양한 장사를 하게 되었다.

이제 그의 나이 50. 이제는 알게 되었다. 본인이 장사에 소질이 없다는 사실을…

이제 기댈 사람은 그의 아버지 밖에…

아버지의 시가 15억 원의 3층짜리 건물을 증여해 달라고 졸랐다.

나조급 씨가 아버지의 시가 15억 원짜리 건물을 증여받을 경우 증여세와 상속받을 경우의 상속세를 비교해 보면 다음과 같다. 상속받을 경우 배우자공제를 적용한다고 가정한다.

구 분	증여 시	상속 시	차 이
재산가액	1,500,000,000원	1,500,000,000원	
증여공제	-50,000,000원		
배우자공제		-500,000,000원	
일괄공제		-500,000,000원	
과세표준	1,450,000,000원	500,000,000원	
한계세율	40%	20%	
누진공제	-160,000,000원	-10,000,000원	
산출세액	420,000,000원	90,000,000원	330,000,000원
신고세액공제	-12,600,000원	-2,700,000원	
납부세액	407,400,000원	87,300,000원	320,100,000원

　　상속이 발생한 경우에는 동거가족에 대한 장래의 부양을 고려하여 배우자공제와 일괄공제가 적용되어 증여에 비해 세금이 많이 줄어든다. 따라서 증여재산가액과 상속재산가액이 동일한 경우 상속세가 증여세보다 작으므로 세금이 부담되는 경우에는 상속을 받는 것이 유리하다.

　　그렇다면 항상 상속이 유리할까? 그렇지 않은 경우도 많다. 만약 나조급 씨의 아버지가 소유한 건물이 인근지역의 개발호재로 가격이 급등하면 어떻게 될까?

　　예를 들어, 10년 뒤에 상속이 발생하였는데 부동산가액이 2배로 증가한 경우 현재 시점의 증여세와 향후 10년 뒤의 상속세는 다음과 같다.

구 분	증여 시	상속 시	차 이
재산가액	1,500,000,000원	3,000,000,000원	
증여공제	-50,000,000원		
배우자공제		-500,000,000원	
일괄공제		-500,000,000원	
과세표준	1,450,000,000원	2,000,000,000원	
한계세율	40%	40%	
누진공제	-160,000,000원	-160,000,000원	
산출세액	420,000,000원	640,000,000원	-220,000,000원
신고세액공제	-12,600,000원	-19,200,000원	
납부세액	407,400,000원	620,800,000원	-213,400,000원

앞에서 언급하였듯이 상속은 증여보다 다양한 공제가 적용되지만, 상속 당시에는 재산가치가 높아질 수 있기 때문에 그만큼 세금도 커질 수 있다. 또한 상속이 발생하기 전까지 해당 부동산에서 발생하는 모든 임대소득은 나조급 씨 아버지의 소득이 되지만, 증여할 경우에는 나조급 씨의 소유가 되어 그 임대소득으로 재산을 축적할 수도 있다.

따라서 향후 재산가치가 크게 오를 것으로 예상된다면, 또는 재산이 많아서 어차피 상속 시 다양한 공제를 적용할 수 있는 상황이라면 일괄적으로 상속받는 것보다 사전증여가 훨씬 유리하다.

이와 비슷한 사례로 필자는 중소법인을 영위하는 오너분들이 자녀에게 회사주식을 증여하는 것과 관련하여 다양한 상담을 진행하였고, 요청에 따라 주식증여업무도 수행하였다. 그런데 지나고 보면 주식의 가치는 증여시점보다 더 떨어지는 경우가 많았고, 자녀가 경영을 승계하기 전에 폐업하는 경우도 있었다.

　왜냐하면 우리나라의 경우 오랜 기간 지속하는 중소기업이 많지 않고, 경제상황도 급변하여 제품 등의 수명이 매우 짧을 뿐 아니라 젊은 세대들은 부모 세대처럼 리스크나 어려움을 견뎌내면서까지 사업을 하고 싶어하지 않는 경우가 많다. 현실적으로 많은 젊은 세대들은 부모님이 모아 놓은 재산으로 부동산임대업을 하고 싶어하는 것이 현실이다.

　따라서 가업주식을 증여하거나 상속할 경우에는 자녀가 정말 의지가 있고, 또 부모 세대보다 더 크게 성장시킬 능력이 있는지를 냉정하게 따져보고 결정해야 할 것이다.

최근 들어 부쩍 건강이 나빠진 나성실 씨는 큰 고민에 빠졌다. 하나밖에 없는 아들이 성인이 되었지만, 변변한 직장도 없이 아르바이트로 생활을 하고 있기 때문이었다. 지금까지 아들의 부족한 부분은 나성실 씨가 다 채워주었기 때문에 큰 문제가 없었지만, 건강이 나빠지고 있는 지금 혼자 남겨질 아들이 너무 걱정되었다.

 나성실 씨는 지인들로부터 보험이 부모 사망 시에 목돈을 마련할 수 있는 좋은 수단이 된다는 이야기를 들었다. 나성실 씨의 아들은 보험료를 납부할 형편이 안 되었기 때문에 나성실 씨가 아들에게 현금을 증여한 뒤 아들이 그 현금으로 보험에 가입하여 나성실 씨 사망 시 사망보험금으로 아들이 살아갈 수 있게 계획을 세웠다. 현금을 증여할 때 증여세를 부담하므로 부모가 사망할 때 받는 사망보험금에 대하여 상속세를 내지 않아도 될 거라 생각했다.

다행히 보험에 가입한 후 5년 동안 나성실 씨의 건강은 더 이상 나빠지지 않았고, 그 사이 보험의 만기가 되어 나성실 씨의 아들은 상당한 금액의 만기환급금을 수령하게 되었다. 만기환급금을 수령한 6개월 뒤 나성실 씨의 아들은 관할 세무서로부터 만기환급금과 이미 낸 보험료의 차액에 대하여 증여세를 내라는 통지를 받게 되었다.

현금증여에 대해 증여세를 납부하였는데, 보험계약의 만기환급금에 대하여 증여세를 또 납부하는 것은 이중으로 세금을 내는 것이 아닐까?

정답부터 말하면 이중으로 과세하는 것은 아니다. 우리나라의 상속세 및 증여세법(제34조)에 의하면 보험계약기간에 증여받은 재산으로 보험료를 납입한 경우 그 증여받은 재산에 대하여 증여세를 부과할 뿐만 아니라, 이후 수령한 보험금이 납입한 보험료보다 많다면 그 차액에 대하여 증여세를 부과하도록 하고 있다.

① 생명보험이나 손해보험에서 보험사고(만기보험금 지급의 경우 포함)가 발생한 경우 해당 보험사고가 발생한 날을 증여일로 하여 다음 각 호의 구분에 따른 금액을 보험금 수령인의 증여재산가액으로 한다.
1. 보험금 수령인과 보험료 납부자가 다른 경우(보험금 수령인이 아닌 자가 보험료의 일부를 납부한 경우를 포함한다): 보험금 수령인이 아닌 자가 납부한 보험료 납부액에 대한 보험금 상당액
2. 보험계약 기간에 보험금 수령인이 재산을 증여받아 보험료를 납부한 경우: 증여받은 재산으로 납부한 보험료 납부액에 대한 보험금 상당액에서 증여받은 재산으로 납부한 보험료 납부액을 뺀 가액

만기환급금이 납입한 보험료와 보험차익으로 구성된다면 실질적인 증여금액은 만기환급금이 되는 것이고, 납입한 보험료에 대해서는 증여세를 납부하였으나 보험차익에 대해서는 증여세를 납부한 적이 없기 때문에 보험차익에 대한 증여세 과세를 이중과세로 볼 수 없는 것이다.

나성실 씨의 경우 보험료 납부를 위해 증여한 금액이 1억 원, 만기환급금이 2억 원이라면 1억 원에 대하여 증여세를 납부하였더라도 추후 만기환급금으로 2억 원을 수령한다면 실질적인 증여금액은 2억 원이므로 보험료와 환급금의 차액인 1억 원에 대하여 추가로 증여세를 납부해야 하는 것이다.

만약, 만기환급금이 아니라 보험사고 등으로 보험금을 수령하게 된다면 어떻게 될까? 이 또한 실질적인 증여금액은 수령하는 보험금이므로, 보험료와 보험금의 차액에 대하여 증여세를 납부해야 한다.

우리나라 과세관청은 보험금(만기환급금) 수령인과 보험료 납부자가 동일인인지를 판단할 때, 보험료 납입액의 자금 출처를 파악하고 있다. 따라서 보험료 납부자가 나성실 씨의 아들로 되어 있지만 그 자금의 출처가 증여로 인한 것이므로, 실질적인 납부자를 나성실 씨로 보아 보험금 전체에 대해 증여세를 부과하는 것이다.

결국 과세관청은 보험의 형태, 보험료 납부 방식 등의 형식을 떠나 증여받은 자금으로 보험료를 납부하고 이후 수령하는 보험금이 더 크다면 차액에 대하여 증여세를 과세한다는 입장이다.

따라서 보험으로 상속이나 증여를 준비하려고 한다면 회계사뿐만 아니라 전문보험설계사의 조언을 얻어 신중하게 접근할 필요가 있다.

김나눔 씨는 어렸을 때부터 가난한 가정에서 자라 초등학교만 졸업하고 돈을 벌어야 했다. 평소에 성실하고 유난히 머리가 좋았던 김나눔 씨는 중년이 되었을 때 많은 재산을 모을 수 있게 되었다.

평소에도 배움에 한이 많던 김나눔 씨는 특별히 외동아들인 자녀 교육에 힘을 쏟았다. 김나눔 씨의 자녀는 아버지의 기대에 부응하여 열심히 공부하였으며, 결국 세계 최고의 대학인 미국 하버드대학에 입학하게 되었다.

김나눔 씨는 태어나서 가장 행복한 때가 하버드대학으로부터 입학통지문을 받을 때였을 정도로 자녀가 하버드대학에 다닌다는 사실에 대한 자부심이 대단하였다. 그래서 김나눔 씨는 아들이 입학하던 2015년에 하버드대학에 100억 원을 기부하였으며, 하버드대학은 김나눔 씨의 공헌에 조금이라도 보답하고자 김나눔 씨의 동상을 제작하여 학생들이 기억하게 하였다.

그런데 너무 행복하면 불행도 같이 찾아온다고 했던가? 2016년 10월, 지병이었던 심장병이 급격하게 악화되어 김나눔 씨는 갑자기 숨을 거두게 된다.

김나눔 씨의 자녀는 2017년 4월에 아버지로부터 물려받은 재산에 대해 상속세신고를 마무리하였다.

2018년, 김나눔 씨의 자녀는 상속세 결정조사를 진행한 서울지방국세청으로부터 아버지가 하버드대학에 기부한 금액에 대해 증여세 45억 4천만 원과 관련 가산세를 납부하라는 통보를 받게 되었다.

도대체 어떻게 된 일일까?

우리나라의 경우 증여재산에 대해서는 증여세를 부과하고 있다. 그러나 공익법인이 재산을 증여받은 경우에는 증여세를 부과하지 않는다. 공익법인이란, 다음의 사업을 하는 자를 말한다.

📖 **상속세 및 증여세법 시행령 제12조 【공익법인등의 범위】**

① 종교의 보급 기타 교화에 현저히 기여하는 사업
②「초·중등교육법」및「고등교육법」에 의한 학교,「유아교육법」에 따른 유치원을 설립·경영하는 사업
③「사회복지사업법」의 규정에 의한 사회복지법인이 운영하는 사업
④「의료법」에 따른 의료법인이 운영하는 사업
⑤「법인세법」제24조 제3항에 해당하는 기부금을 받는 자가 해당 기부금으로 운영하는 사업
⑥「법인세법 시행령」제39조 제1항 제1호 각 목에 의한 지정기부금단체 등 및「소득세법 시행령」제80조 제1항 제5호에 따른 기부금대상민간단체가 운영하는 고유목적사업(회원의 친목 또는 이익을 증진시키거나 영리를 목적으로 대가를 수수하는 등 공익성이 있다고 보기 어려운 고유목적사업은 제외)
⑦「법인세법 시행령」제39조 제1항 제2호 다목에 해당하는 기부금을 받는 자가 해당 기부금으로 운영하는 사업(회원의 친목 또는 이익을 증진시키거나 영리를 목적으로 대가를 수수하는 등 공익성이 있다고 보기 어려운 고유목적사업은 제외)

그런데 '외국에 소재하는 대학이 위의 고등교육법에 의한 학교가 될 수 있느냐?'가 문제가 되는데, 과세관청에서는 다음과 같이 증여세가 과세되지 않는 공익법인은 '주된 사무소가 국내에 소재하는 공익법인'을 말하므로 국외 소재 대학은 공익법인에 해당하지 않는다고 판단하였다.

1. 「초·중등교육법」 및 「고등교육법」에 의한 학교를 설립·경영하는 사업을 영위하는 자는 공익법인에 해당하는 것이며, 이때 공익법인은 주된 사무소가 국내에 소재하는 경우를 말하는 것임.
2. 「상속세 및 증여세법」 제16조·제48조, 같은법 시행령 제12조 및 같은법 시행규칙 제3조에서 규정한 공익법인 등에 해당하지 않는 비영리법인이 무상으로 취득한 재산은 같은법 제2조 및 제4조의 규정에 의하여 증여세 과세대상이 되는 것임.

결국 외국대학은 공익법인에 해당하지 않아 증여세가 면제되지 않으므로 증여세를 납부하여야 한다. 그런데 증여세는 누가 납부하여야 할까? 우리나라는 원칙적으로 증여를 받은 사람, 즉 수증자가 증여세를 납부하여야 한다.

그러나 그 수증자가 우리나라에 거주하는 자가 아니라면 증여세가 납부되지 않을 수 있다. 따라서 수증자가 비거주자인 경우에는 증여자가 수증자와 연대하여 증여세를 납부하도록 하고 있어, 실질적으로는 증여자가 증여세를 납부하게 된다.

📖 상속세 및 증여세법 제4조의2 【증여세 납부의무】
① 수증자는 다음 각 호의 구분에 따른 증여재산에 대하여 증여세를 납부할 의무가 있다.
2. 수증자가 비거주자(외국비영리법인 포함): 제4조에 따라 증여세 과세대상이 되는 국내에 있는 모든 증여재산
⑥ 증여자는 다음 각 호의 어느 하나에 해당하는 경우에는 수증자가 납부할 증여세를 연대하여 납부할 의무가 있다.
3. 수증자가 비거주자인 경우

위의 사례에서 김나눔 씨로부터 현금을 기부받은 하버드대학은 증여세를 납부하지 않았을 것이므로, 결국 김나눔 씨가 증여세에 대한 연대납세의무자로서 증여세를 납부해야 하는 것이고, 김나눔 씨는 이미 사망한 상황이므로 김나눔 씨의 재산을 상속받은 그 자녀가 김나눔 씨가 납부하였어야 하는 증여세를 납부하여야 하는 상황이 된 것이다.

그렇다면 김나눔 씨의 자녀는 증여세 45억 4천만 원 증여세를 모두 납부하여야 할까?

결론적으로 말하면 그렇다.

그런데 2015년 말의 세법개정으로 2016년부터 증여자가 연대납세의무에 따라 수증자가 납부하여야 하는 증여세를 납부하여야 하는 경우 국세청이 그 사유를 알려주도록 하였다.

위 사례에서 김나눔 씨가 2015년이 아니라 2016년에 기부를 하였다면, 국세청이 증여세 부과를 결정했을 때는 증여자인 김나눔 씨가 이미 사망하여 국세청은 증여자에게 그 결정사실을 알릴 수 없는 상황이 되었고, 결국 통지의무를 이행할 수 없게 된 것이므로 증여세 납세의무는 없어지게 된다.

이와 유사한 사례와 관련하여 조세심판원에서는 법에서 통지의무가 생긴 이후의 2016년 증여에 대한 증여세는 국세청이 통지의무를 이행하지 못하였으므로 납부할 의무가 없고, 통지의무 규정이 없었던 2015

년의 증여에 대한 증여세만 납부하면 된다고 결정하였다.

📖 상속세 및 증여세법 제4조의2【증여세 납부의무】

⑦ 세무서장은 제6항(수증자의 연대납세의무)에 따라 증여자에게 증여세를 납부하게 할 때에는 그 사유를 알려야 한다.

선박 부품회사를 운영하고 있는 나차명 씨는 넘쳐나는 현금으로 인해 큰 고민에 빠졌다. 옛날부터 거래처의 요청으로 차명계좌로 거래를 시작한 것이 요즘은 그 규모가 커져서 매달 신고하지 못하는 금액이 대략 2천만 원 정도된다. 집안에 둔 금고에도 현금이 많이 쌓여 있을 뿐만 아니라 카드거래가 활발해져 현금을 사용할 길이 별로 없어졌기에 쌓여가는 금액은 점점 더 커지고 있다.

합법적으로 차명계좌의 돈을 쓰고 싶던 나차명 씨는 고민을 거듭하던 끝에 번뜩이는 생각을 하게 되었다. 아들에게 이 돈을 증여하고 증여세를 내면 문제가 없을 거라고 생각했다. 나차명 씨는 바로 그 다음날 차명계좌에 있는 현금 중 3억 원을 아들에게 증여하고 증여세 4천만 원도 납부하였다.

6개월 뒤 증여세 조사 및 증여자에 대한 자금출처 조사가 시작되었다. 자금출처 조사 중 회사 차명계좌가 드러나 회사에 대한 세무조사가 시작되었다. 나차명 씨는 어떻게 되었을까?

나차명 씨는 증여자금에 대한 자금출처 조사에 대하여 간과하고 있었다

일반적으로 증여받은 자녀가 증여세를 제대로 신고하고 납부하면 당장에는 자금출처 조사는 나오지 않는다. 그러나 추후 과세관청이 증여자의 소득내역 등을 검토하여 보유한 자산이나 소득에 비해 과도한 재산이 증여되었다고 판단되면, 증여자의 증여재산에 대한 자금출처를 조사하게 된다.

자금출처조사가 진행되는 과정에서 차명계좌의 존재가 드러나게 되고 이것이 사업과 관련된 것이라면 증여세와는 별도로 증여자의 누락된 사업소득에 대한 법인세 또는 소득세뿐만 아니라 부가가치세도 추가로 부과하게 되며, 심한 경우 해당 사업장에 대한 정밀세무조사가 시작될 수도 있다.

실례로 어떤 자녀가 고가의 주택을 취득하여 자금출처조사를 받던 중 그 주택취득자금이 증여세 신고가 누락된 증여재산으로 밝혀져 그 부모의 증여재산에 대한 자금출처조사로 이어졌고, 결국 그 부모가 사업소득을 누락하였다는 사실도 추가로 밝혀져 그 회사에 대하여 정밀세무조사에 들어간 경우도 있었다.

이렇듯 상속과 증여는 상속세와 증여세의 신고·계산·납부뿐만 아니라 그 출처에 대해서도 조사를 하므로, 그 출처에 대해서도 꼼꼼히 따져봐야 한다.

회사가 계속 적자를 보다가 이제야 자리를 잡았는데... 주식 전부를 아들에게 증여할까?

증여재산인 비상장주식은 증여일의 순자산가치와 과거 3년간 순손익가치를 가중평균해서 계산을 한다 이거지...

회사가 지난 3년간 적자가 심했다면...

주식 평가가 낮을 것이고...

그럼 증여세도 적겠군...

회사가 지난 3년간 흑자가 났다면...

주식 평가가 높을 것이고...

그럼 증여세도 많겠군...

나성공 씨는 자동차페인트업체에 근무하다가 정년 즈음에 이르러 다니던 회사를 그만두고 본인의 회사를 설립하였다. 사업 초기에는 적자를 면치 못하다가 주위에서 제품력을 인정받아 최근 들어 흑자전환에 성공하였다. 나성공 씨는 이미 본인의 나이가 예순을 훨씬 넘었고, 주식가치가 더 커지기 전에 본인이 소유하고 있는 회사 주식 전부를 하나뿐인 아들에게 전부 증여하기로 결정하였다.

나성공 씨는 ×5년 1월 1일을 증여일자로 하여 회사의 주식 100%를 증여하기로 하고, 담당 세무사에게 주식의 평가 및 증여세 산출을 부탁하였다. 나성공 씨의 세무사는 상속세 및 증여세법상 비상장주식 평가방법에 따라 주식을 평가하였는데, 그 금액은 110억 원에 이르렀고 증여세만 50억 1천 5백만 원으로 산출되었다.

작년에 이익이 크게 증가하긴 했지만, 그 전년도까지만 해도 이익이 그리 크지 않았는데 회사의 주식가치가 너무 높다는 생각에 주식평가와 상속증여 전문가인 한서회계법인을 찾아서 회사의 주식가치가 적절한지 물어보았다.

나성공 씨는 한서회계법인으로부터 하루만 일찍 증여를 할 경우 주식가치는 40억 원, 증여세는 15억 1천 5백만 원으로 줄일 수 있다는 이야기를 듣게 된다.

하루 차이로 주식가치와 증여세가 달라지는 것은 무슨 이유일까?

증여재산은 원칙적으로 시가로 평가한다. 시가란 불특정 다수인 간에 자유롭게 거래가 이루어질 경우 형성되는 거래금액을 말한다. 그러나 비상장주식과 같은 자산은 거래가 이루어지지 않아 시가를 파악할 수 없는 경우가 많다. 따라서 상속세 및 증여세법에서는 비상장주식의 경우처럼 자유롭게 거래가 형성되지 않아 시가를 파악할 수 없는 경우에는 별도의 평가방법을 제시하고 있다.

비상장주식의 경우 순손익가치와 순자산가치를 6 : 4로 가중평균하여 계산한다. 주가는 미래의 실적 전망치에 더 많은 영향을 받기 때문에 미래의 실적가치를 반영하는 순손익가치에 가중치를 1.5배 높게 두는 것이다.

순손익가치는 원칙적으로 미래가치를 반영하여야 하는데, 미래가치는 추정하는데 불확실성이 존재하므로 객관적인 평가를 기대하기 어렵게 된다. 따라서 상속세 및 증여세법에서는 과거 3년의 가중평균손익이 미래에도 계속적으로 발생한다고 가정하여 순손익가치를 산정하며, 과거 3년의 최근 연도의 가중치를 3, 그 전년도의 가중치는 2, 그 전전년도의 가중치를 1로 두어 가중평균하게 된다.

📖 상속세 및 증여세법 시행령 제54조【비상장주식등의 평가】
① 비상장주식등은 1주당 다음의 계산식에 따라 평가한 가액(순손익가치)과 1주당 순자산가치를 각각 3과 2의 비율[부동산과다보유법인의 경우에는 1주당 순손익가치와 순자산가치의 비율을 각각 2와 3으로 한다]로 가중평균한 가액으로 한다. 다만, 그 가중평균한 가액이 1주당 순자산가치에 80%를 곱한 금액보다 낮은 경우에는 1주당 순자산가치에 80%를 곱한 금액을 비상장주식등의 가액으로 한다.

> 1주당 순손익가치
> = 1주당 최근 3년간 가중평균순손익액 ÷ 기획재정부령으로 정하는 이자율

② 제1항의 규정에 의한 1주당 순자산가치는 다음의 산식에 의하여 평가한 가액으로 한다.

> 1주당 가액 = 당해 법인의 순자산가액 ÷ 발행주식총수

③ 제1항 및 제2항을 적용할 때 법 제63조 제1항 제1호 나목의 주식등을 발행한 법인이 다른 비상장주식등을 발행한 법인의 발행주식총수등(자기주식과 자기출자지분은 제외)의 10% 이하의 주식 및 출자지분을 소유하고 있는 경우에는 그 다른 비상장주식등의 평가는 제1항 및 제2항에도 불구하고 「법인세법 시행령」 제74조 제1항 제1호 마목에 따른 취득가액에 의할 수 있다. 다만, 법 제60조 제1항에 따른 시가가 있으면 시가를 우선하여 적용한다.

④ 다음 각 호의 어느 하나에 해당하는 경우에는 제1항에도 불구하고 제2항에 따른 순자산가치에 따른다.
1. 법 제67조 및 법 제68조에 따른 상속세 및 증여세 과세표준신고기한 이내에 평가대상법인의 청산절차가 진행 중이거나 사업자의 사망 등으로 인하여 사업의 계속이 곤란하다고 인정되는 법인의 주식 등
2. 사업개시 전의 법인, 사업개시 후 3년 미만의 법인 또는 휴업·폐업 중인 법인의 주식등. 이 경우 「법인세법」 제46조의3, 제46조의5 및 제47조의 요건을 갖춘 적격분할 또는 적격물적분할로 신설된 법인의 사업기간은 분할 전 동일 사업부분의 사업개시일부터 기산한다.
3. 법인의 자산총액 중 「소득세법」 제94조 제1항 제4호 다목 1) 및 2)의 합계액이 차지하는 비율이 100분의 80 이상인 법인의 주식등
4. 삭제
5. 법인의 자산총액 중 주식등의 가액의 합계액이 차지하는 비율이 100분의 80 이상인 법인의 주식등
6. 법인의 설립 시 정관에 존속기한이 확정된 법인으로서 평가기준일 현재 잔여 존속기한이 3년 이내인 법인의 주식등

위의 사례에서 나성공 씨 회사의 순자산과 연도별 순손익가치가 다음과 같았다.

연도별 순손익				순자산
×1	×2	×3	×4	×4 말
(-)25억 원	5억 원	5억 원	25억 원	50억 원

순손익가치는 과거 3년간의 순손익가치를 사용하여 계산하게 되는데, 나성공 씨가 회사의 주식을 ×4. 12. 31.에 증여하느냐, 아니면 ×5. 1. 1.에 증여하느냐에 따라 반영되는 연도별 손익은 다음과 같이 달라지게 된다.

먼저 나성공 씨가 ×5. 1. 1.에 주식을 증여하게 되면 과거 3년은 ×2~×4년이 되므로, 총 순손익가치는 다음과 같이 계산된다.

구 분	×2	×3	×4	합 계
연도별 손익	5억 원	5억 원	25억 원	
가중치	1	2	3	6
가중치 반영 후 손익	5억 원	10억 원	75억 원	90억 원
가중치				6
가중평균순손익				15억 원
할인율(미래계속발생 가정)				10%
순손익가치				150억 원

나성공 씨 회사의 ×4년 말 순자산가치가 50억 원이었다면 위의 순
손익가치의 가중치를 반영하여 총주식가치를 계산하면, 다음과 같이 계
산된다.

구 분	순손익가치	순자산가치	총주식가치
가중치 반영 전	150억 원	50억 원	
가중치	60%	40%	
가중치 반영 후	90억 원	20억 원	110억 원

만약 나성공 씨가 회사의 주식을 ×5. 1. 1.이 아니라 하루 전날인
×4. 12. 31.에 증여한다면 주식가치는 어떻게 달라지게 될까?

우선 ×4. 12. 31. 기준으로 과거 3년은 ×1~×3년이 되므로, 총순
손익가치는 다음과 같이 달라지게 된다.

구 분	×1	×2	×3	합 계
연도별 손익	(-)25억 원	5억 원	5억 원	
가중치	1	2	3	6
가중치 반영 후 손익	(-)25억 원	10억 원	15억 원	0원
가중치				6
가중평균순손익				0
할인율(미래계속발생 가정)				10%
순손익가치				0원

그러면 ×4. 12. 31.에 주식을 증여했을 때, 총주식가치는 어떻게 될
까? 순손익가치는 0원이므로 순자산가치 50억 원의 40%만 반영하여 20
억 원이 될까? 그렇지는 않다.

순손익가치는 손익가치 조정을 통해서 변칙적으로 조정이 가능하므로 순손익가치와 순자산가치를 가중평균한 금액이 순자산가치의 80%에 미달할 경우 주식가치는 순자산가치의 80%를 적용하게 된다. 따라서 주식가치는 다음과 같이 계산된다.

구 분	순손익가치	순자산가치	총주식가치
가중치 반영 전	0원	50억 원	
가중치	60%	40%	
가중치 반영 후[①]	0원	20억 원	20억 원
순자산 x 80%[②]			40억 원
Max[①, ②]			40억 원

주식가치를 순자산가치의 80%로 적용하더라도 그 금액은 ×5. 1. 1.에 주식을 증여할 때의 주식가치보다 70억 원이나 감소하게 되고, 증여세는 무려 35억 원이나 감소하게 된다.

따라서 비상장주식을 증여하려고 할 때 가장 중요한 것은 타이밍을 잡는 것이며, 증여하기 전에 배당 등을 통해서 순자산가치를 감소시키게 되면 주식가치는 더욱 감소시킬 수 있다.

한편, 상장주식의 경우 다음과 같이 증여일이나 상속개시일 전후 2개월, 즉 총 4개월간의 거래소 종가평균을 주식평가액으로 사용하기 때문에 비상장주식에 비해서 가장 저평가되는 증여일을 선택하는 것은 쉽지 않다.

① 유가증권 등의 평가는 다음 각 호의 어느 하나에서 정하는 방법으로 한다.

1. 주식등의 평가

　가. 「자본시장과 금융투자업에 관한 법률」에 따른 증권시장으로서 대통령령으로 정하는 증권시장에서 거래되는 주권상장법인의 주식등 중 상장주식은 평가기준일(평가기준일이 공휴일 등 대통령령으로 정하는 매매가 없는 날인 경우에는 그 전일을 기준으로 한다) 이전·이후 각 2개월 동안 공표된 매일의 「자본시장과 금융투자업에 관한 법률」에 따라 거래소허가를 받은 거래소 최종 시세가액(거래실적 유무를 따지지 아니한다)의 평균액. 다만, 제38조에 따라 합병으로 인한 이익을 계산할 때 합병(분할합병 포함)으로 소멸하거나 흡수되는 법인 또는 신설되거나 존속하는 법인이 보유한 상장주식의 시가는 평가기준일 현재의 거래소 최종 시세가액으로 한다.

　나. 가목 외의 주식등은 해당 법인의 자산 및 수익 등을 고려하여 대통령령으로 정하는 방법으로 평가한다.

　다. 삭제

2. 제1호 외에 국채(國債)·공채(公債) 등 그밖의 유가증권의 평가는 해당 재산의 종류, 규모, 거래 상황 등을 고려하여 대통령령으로 정하는 방법으로 평가한다.

성공한 CEO인 나성실 씨는 요즘 큰 고민에 빠졌다. 아들이 서른이 넘도록 취직도 안하고 용돈만 받아서 하루하루 살고 있는 것이다. 나성실 씨는 고심 끝에 아들에게 상가를 하나 사 주기로 마음 먹었다. 월세라도 꼬박꼬박 받으면 앞으로 살아가는데 큰 지장이 없을 거라고 생각했다.

몇 달 뒤 나성실 씨는 서울 강북에 10억 원 상당의 상가를 아들 이름으로 구입하여 주고, 증여세 2억 2천 5백만 원도 납부하였다. 6개월 뒤 세무서에서 증여세를 무슨 돈으로 냈는지 소명하라고 연락이 왔다. 나성실 씨는 세무서에 자신이 납부하였다고 당당하게 이야기하였다.

얼마 뒤 세무서로부터 증여세 8천 5백만 원을 추가로 내라는 연락을 받았다. 증여세는 이미 냈는데 추가로 또 내라니 이 무슨 날벼락 같은 이야기인가?

우리나라는 고액자산, 특히 부동산을 취득할 때 취득자의 직업, 연령, 소득상태 등을 보아서 해당 부동산을 스스로 취득할 능력이 없다고 추정될 경우 취득자금에 대한 출처조사를 하고 있다.

여기에 더하여 일정한 소득이나 재산이 없는 상태에서 증여세를 납부하였다면, 자금출처조사의 대상이 될뿐만 아니라 소명하지 못하면 이 또한 증여로 보고 있다.

📖 상속세 및 증여세법 제45조【재산 취득자금 등의 증여 추정】

① 재산 취득자의 직업, 연령, 소득 및 재산 상태 등으로 볼 때 재산을 자력으로 취득하였다고 인정하기 어려운 경우로서 대통령령으로 정하는 경우에는 그 재산을 취득한 때에 그 재산의 취득자금을 그 재산 취득자가 증여받은 것으로 추정하여 이를 그 재산 취득자의 증여재산가액으로 한다.

② 채무자의 직업, 연령, 소득, 재산 상태 등으로 볼 때 채무를 자력으로 상환(일부 상환을 포함한다. 이하 이 항에서 같다)하였다고 인정하기 어려운 경우로서 대통령령으로 정하는 경우에는 그 채무를 상환한 때에 그 상환자금을 그 채무자가 증여받은 것으로 추정하여 이를 그 채무자의 증여재산가액으로 한다.

③ 취득자금 또는 상환자금이 직업, 연령, 소득, 재산 상태 등을 고려하여 대통령령으로 정하는 금액 이하인 경우와 취득자금 또는 상환자금의 출처에 관한 충분한 소명(疏明)이 있는 경우에는 제1항과 제2항을 적용하지 아니한다.

④ 「금융실명거래 및 비밀보장에 관한 법률」 제3조에 따라 실명이 확인된 계좌 또는 외국의 관계 법령에 따라 이와 유사한 방법으로 실명이 확인된 계좌에 보유하고 있는 재산은 명의자가 그 재산을 취득한 것으로 추정하여 제1항을 적용한다.

나성실 씨는 아들에게 건물을 사주고 증여세도 직접 납부하였다. 나성실 씨의 아들은 일정한 직업도 없으며 재산도 없는 상태이므로, 납부한 증여세 2억 2천 5백만 원도 증여받은 돈으로 납부한 것이라고 추정된 것이다.

추가 증여세 8천 5백만 원은 증여로 추정된 금액 2억 2천 5백만 원에 비하여 너무 큰 것이 아닐까? 증여를 건물구입자금과 증여세 납부금액을 별개로 보면 크게 나온 것이지만, 앞에서 알아보았듯이 우리나라 증여세는 10년간의 증여재산을 합산하여 계산하게 되어 있다.

부동산 구입 자금	10억 원
증여세 대납액	225백만 원
증여재산합계	1,225백만 원
증여재산공제	(−) 5천만 원
과세표준	1,175백만 원
한계세율	40%
누진공제	(−)1억 6천만 원
산출세액	3억 1천만 원
기 납부세액	2,255백만 원
추가납부세액	85백만 원

　　나성실 씨의 아들이 추가로 납부해야 될 증여세는 8천 5백만 원이다. 만약 이 세금도 나성실 씨가 내준다면 또다시 자금출처조사를 받게 될 수 있다. 아들에게 부동산을 증여하려다 세금폭탄을 맞을 수 있는 최악의 경우이다.

　　그렇다면 증여세를 최소화하면서 자녀에게 부동산을 증여할 수 있는 방법은 없을까?

　　기준시가가 8억 원이고 시가가 10억 원짜리의 건물을 먼저 나성실 씨가 취득하여 대출 및 보증금을 발생시켜 건물에 대한 부채 8억 원을 만든다. 일정 기간(보통 3개월 이상) 후 자녀에게 건물을 증여하면서 부채도 같이 부담하게 한다. 이것이 부담부증여인데 증여등기를 하기 때문에 자금출처조사를 받지 않으며, 증여세도 "0"이 된다. 다만, 취득세를 2번 내야 하지만 세율이 4%대이므로 증여세에 비해 큰 금액은 아니다.

부담부증여의 경우 증여자가 채무액만큼 재산을 판 것으로 보고 양도소득세를 내야 한다. 하지만 이 경우 양도금액은 8억 원, 취득금액은 10억 원으로 과세표준이 -2억 원이 되어 양도소득세의 부담도 없다.

이렇게 부담부증여를 활용하면 3억 1천만 원의 세금이 3천 2백만 원으로 되면서 무려 약 2억 7천 8백만 원이 절약되는 효과를 얻는다. 물론 부채를 8억 원이나 일으켜야 된다는 극단적인 가정과 그만큼의 이자비용을 부담해야 하지만, 절세를 위해 충분히 생각해 볼 수 있는 방법이다.

하지만 모든 부담부증여가 꼭 증여보다 유리하지 않을 수도 있다. 증여자가 다주택자인 경우, 대출금액이 적은 경우 등은 단순 증여가 유리할 수도 있다. 또한 앞에서 언급한 대로 과세관청이 해당 부동산을 대상으로 감정을 할 경우 증여세가 추가로 발생할 수 있고, 채무에 대해서는 국세청이 사후관리를 철저히 하고 있으므로 부담부증여 후 채무를 대신 변제해 주는 것은 조심해야 한다.

한서실업의 대표이사이자 최대주주인 나대표 씨는 요즘 큰 고민에 빠졌다. 최근 들어 병세도 깊어져 예전처럼 회사 일에도 열정적이지 않게 된 것이다.

그 때문에 큰아들인 나성실 씨에게 회사를 물려주고 은퇴할 생각을 하고 있지만, 이제 막 대학을 졸업하고 입사한 아들이 회사를 잘 운영할지에 대해 걱정하지 않을 수 없었다. 더욱이 가치가 30억 원에 달하는 주식을 모두 아들에게 증여하면, 증여세만 10억 원이 나오기 때문에 이러지도 저러지도 못하고 있었다.

아들이 회사의 주식을 물려받아서 엄청난 증여세를 내고 나서 그 주식가치를 더 높인다는 확신도 없고, 주식을 증여한 후에 더 이상 회사를 운영할 수 없는 상황도 올 수도 있으므로 당장에 증여를 하는 것은 좋은 방안이 아닌 것 같았다. 그렇다고 아들이 자기 명의의 주식도 없이 온 열정을 받쳐 책임경영을 할 것 같지도 않았다.

오랜 고민을 하다가 우연히 알게 된 한서회계법인으로부터 당장 증여세를 부담하지 않으면서 아들에게 경영권과 의결권을 줄 수 있다는 이야기를 들었다.

증여세를 한 푼도 안내면서 아들에게 경영권과 의결권을 줄 수 있다는 게 사실일까?

신탁이라 하면 사람들은 대부분 명의신탁을 떠올린다. 하지만 명의신탁은 단순히 명의만 대여해 주는 것으로 탈세, 탈법행위 등을 목적으로 하기 때문에 엄격히 따지면 명의신탁약정은 무효이다. 그러면 민사신탁은 명의신탁과 어떻게 다를까?

민사신탁은 신탁법에 따라 위탁자(재산소유자)와 수탁자(재산을 이전받는 자)

사이에 신탁계약에 의하여 부동산, 주식 등 신탁재산을 수탁자에게 이전하지만 신탁재산에서 발생하는 수익은 위탁자 또는 제3자에게 가도록 하는 계약이다.

📖 신탁법 제2조 【신탁의 정의】

이 법에서 "신탁"이란 신탁을 설정하는 자(위탁자)와 신탁을 인수하는 자(수탁자) 간의 신임관계에 기하여 위탁자가 수탁자에게 특정의 재산(영업이나 저작재산권의 일부 포함)을 이전하거나 담보권의 설정 또는 그 밖의 처분을 하고 수탁자로 하여금 일정한 자(수익자)의 이익 또는 특정의 목적을 위하여 그 재산의 관리, 처분, 운용, 개발, 그 밖에 신탁 목적의 달성을 위하여 필요한 행위를 하게 하는 법률관계를 말한다.

신탁이 생소하게 느껴질지 모르겠지만 우리가 가장 흔하게 볼 수 있는 신탁이 있는데, 그것은 아파트 재건축 시의 신탁이다. 재건축을 할 때 해당 토지를 신탁회사에 신탁하지 않는다면 개별 재건축조합원(아파트소유자)들이 재건축대상 토지를 다른 사람에게 팔아버릴 수도 있기 때문에 재건축을 할 때에는 재건축대상 토지를 신탁회사에 신탁하게 하여 토지를 처분하지 못하게 하는 것이다.

이때 위탁자는 재건축조합원, 수탁자는 신탁회사, 수익자는 재건축조합원이 되는 것이고, 법적으로 처분권한은 신탁회사에 넘어가지만 아파트소유에 대한 재산권은 위탁자이자 수익자인 재건축조합원에게 있는 것이다.

부동산 민사신탁의 또 다른 예를 들면, 자녀에게 30억 원의 부동산을 지금 증여하면 그 자녀가 증여세 및 취득세를 합쳐서 12억 원 정도 납부해야 한다. 그러나 신탁계약을 맺고 자녀가 부동산을 관리하도록 하면,^(관리신탁) 수탁용역기간 동안 일정한 대가를 지불할 수 있다. 이 경우 대가는 증여가 아니다. 또한 일정한 조건을 달아 상속의 의사표시를 하여 신탁등기를 하면 사전증여의 모양새를 갖출 수 있다. 그리고 나중에 부모가 사망하여 신탁계약에 명시한 대로 실제 상속이 이루어지면 그때 가서 약 2억 원 정도의 저렴한 상속세를 내면 된다. 상속세는 증여세에 비해 각종 공제혜택이 있어서 훨씬 저렴하다.

뿐만 아니라 정교하게 설계된 증여신탁을 활용할 경우, 실제 납부해야 하는 증여세나 상속세보다 많은 금액을 줄일 수도 있다.

이러한 신탁계약은 주식의 경우에도 동일하게 적용할 수 있다.

나대표 씨의 경우를 살펴보자. 나대표 씨와 나성실 씨 간에 신탁계약을 체결하고 수익권은 나대표 씨에게 수탁자는 나성실 씨로 한다. 이러면 주식의 처분, 의결권 등의 모든 권리는 일반 매매처럼 나성실 씨에게 넘어가지만 처분으로 인한 수익,^(처분대가) 배당 등의 수익은 여전히 나대표 씨가 갖게 된다. 수익권을 모두 나대표 씨가 가지고 있으므로 증여에 해당되지 않는 것이다.

결국 신탁계약을 통해 현재 아들에게 경영권 및 주주권을 승계하지만 세금을 한 푼도 내지 않을 수 있는 것이다.

📖 상속세 및 증여세법 제33조【신탁이익의 증여】

① 신탁계약에 의하여 위탁자가 타인을 신탁의 이익의 전부 또는 일부를 받을 수익자(受益者)로 지정한 경우로서 다음 각 호의 어느 하나에 해당하는 경우에는 원본(元本) 또는 수익(收益)이 수익자에게 실제 지급되는 날 등 대통령령으로 정하는 날을 증여일로 하여 해당 신탁의 이익을 받을 권리의 가액을 수익자의 증여재산가액으로 한다.
1. 원본을 받을 권리를 소유하게 한 경우에는 수익자가 그 원본을 받은 경우
2. 수익을 받을 권리를 소유하게 한 경우에는 수익자가 그 수익을 받은 경우

신탁은 다양한 확정성을 가진 엄청난 수단이긴 하지만, 신탁계약을 체결할 때에도 조심해야 될 사항이 있다.

신탁된 재산은 그 사실을 등기 또는 등록해야 한다. 신탁재산이 부동산인 경우 등기부등본에 기재해야 하며, 주식인 경우 주주명부에 기재해야 한다. 만약 기재하지 않으면 그 신탁재산을 수탁자에게 증여한 것으로 본다는 것이 대법원의 판례이기 때문이다.(대법원 1990.4.10. 선고 88누3796판결)

신탁은 보다 다양한 방법으로 또 다양한 목적으로 활용될 수 있기 때문에 최근 들어 신탁을 연구하는 전문가가 늘고 있다. 그러나 법적인 계약서를 넘어 증여세까지 절세할 수 있는 전문가는 손에 꼽을 수 있을 정도이다. 따라서 증여신탁을 제대로 설계할 수 있는 신탁전문가를 만나는 것만으로도 엄청난 행운이 될 수 있다.

현금부자인 나현금 씨는 요즘 큰 고민에 빠져있다. 귀하게 키운 외동 아들 나외동이 34살이 다 되도록 정신을 못 차리고 씀씀이가 점점 커지고 있기 때문이다. 이러한 상황에서 자신의 재산을 전부 아들에게 물려준다면 아들이 금방 모두 탕진해 버릴까 늘 근심걱정이다. 나이가 들수록 이러한 고민이 점점 더 커지자 평소 친하게 알고 지내던 회계사를 찾아가 좋은 방법이 없는지 조언을 구했다.

상속과 증여에 관한 많은 경험과 지식이 있는 김회계사는 이러한 나현금 씨의 고민을 듣고, 보험을 활용하면 안정적이고 장기적으로 자금을 증여하고 증여세 절세효과도 있다고 말하였다.

과연, 보험을 활용하는 것이 자녀의 현금 탕진을 방지하고 증여세도 줄일 수 있을까?

김회계사의 말처럼 종신형 연금보험을 활용하면 세액을 절약할 수 있을 뿐만 아니라, 매년 일정금액을 증여할 수 있다. 연금보험으로 매년 받는 금액을 정기금이라고 하는데, 증여시점에 총 수령금액이 아닌 상증세법의 평가규정에 따라 증여재산가액을 계산하므로 증여세를 절약할 수 있다.

그러면 연금보험의 증여시점은 언제일까? 바로 보험의 계약자 및 수익자 명의가 변경된 시점이다. 그러므로 나현금 씨는 최초 자신의 이름으로 연금보험을 계약하고 연금이 개시된 후 계약자와 수익자를 나외동 씨로 변경하면 변경시점에 증여로 보게되고 이때 증여세를 계산, 납부하면 된다.

상속세 및 증여세법 시행령 제62조【정기금을 받을 권리의 평가】

법 제65조 제1항에 따른 정기금을 받을 권리의 가액은 다음 각 호의 어느 하나에 따라 평가한 가액에 의한다. 다만, 평가기준일 현재 계약의 철회, 해지, 취소 등을 통해 받을 수 있는 일시금이 다음 각 호에 따라 평가한 가액보다 큰 경우에는 그 일시금의 가액에 의한다.

1. 유기정기금: 잔존기간에 각 연도에 받을 정기금액을 기준으로 다음 계산식에 따라 계산한 금액의 합계액. 다만, 1년분 정기금액의 20배를 초과할 수 없다.

> 각 연도에 받을 정기금액 / $(1+$기획재정부령 이자율$)^n$

n: 평가기준일부터의 경과연수

2. 무기정기금: 1년분 정기금액의 20배에 상당하는 금액
3. 종신정기금: 정기금을 받을 권리가 있는 자의 「통계법」 제18조에 따라 통계청장이 승인하여 고시하는 통계표에 따른 성별·연령별 기대여명의 연수(소수점 이하는 버린다)까지의 기간 중 각 연도에 받을 정기금액을 기준으로 제1호의 계산식에 따라 계산한 금액의 합계액

심판례【조심2014서2600, 2014. 10. 28.】

보험금 및 예금은 권리의 이전이나 행사에 등기 등을 요하는 재산이 아니고, 이 건 종신형 즉시연금보험의 계약변경은 계약자뿐만 아니라 수익자를 청구인의 조부에서 청구인으로 변경한 것으로서 보험계약 변경시점에 청구인이 보험계약의 해지, 연금의 수령 및 만기 시 보험료의 수령 등 보험에 관한 실질적인 모든 권한을 행사할 수 있는 지위를 획득하였다고 볼 수 있는 점 등에 비추어 이 건 종신형 즉시연금보험의 계약변경일을 증여일로 보고 계약변경일 현재의 보험의 시가인 납입보험료를 증여재산가액으로 하여 증여세를 과세한 처분은 잘못이 없음.

📖 예규【상속증여세과-291, 2013. 6. 28.】

종신형 연금보험 계약을 체결한 후 연금전환 가능한 금액 중 일부를 일정기간 매월 지급받던 중 해약이 가능한 기간에 사망한 경우, 상속개시일 현재 피상속 인에게 귀속되는 보험금 등을 지급받을 수 있는 권리의 가액은 「상속세 및 증 여세법 시행령」 제62조 제3호(종신정기금)의 규정에 따라 평가한 금액과 해약 환급금 상당액 중 큰 금액으로 평가하는 것이 타당함.

연금보험의 증여나 상속 시에 재산 가액을 산정할 때, 미래에 수령할 돈이지만 현재 받는 돈이 아니기에 정기금 평가를 통해 세금 감면 혜 택을 받을 수 있다. 예를 들어, 10년 뒤 매년 1억 원씩 10년간 받을 연 금보험을 증여한 경우 증여재산가액은 10억 원이 아니라 10억 원의 현 재가치인 약 8억 원이 된다. 즉, 정기금 평가는 현재가치평가로 인하여 실제 미래에 받는 금액보다 적은 금액으로 평가가 된다.

하지만 모든 연금보험이 혜택을 받을 수 있는 것은 아니다. 연금의 수령 방법은 다양한 형태로 나타날 수 있는데 그중 원금과 이자를 평 생 나누어 받으며, 해지가 불가능한 종신형 연금에 대해서만 정기금 평 가를 허용하고 있다.

나현금 씨가 연금보험을 통해 증여를 하면 정기금 평가로 증여세를 절세할 수 있으며, 해지가 불가능하기 때문에 매달 또는 매년 일정금액 이 나외동 씨에게 지급되기 때문에 신탁과 비슷한 효과가 발생하므로 일시에 증여재산을 탕진할 일이 없어지게 되는 것이다.

02 Chapter

증여편

법률

예상보다 커진 증여세 부담 때문에
증여를 취소해버린 오판희 씨

유명한 한복디자이너인 오판희 씨는 딸 하나 씨와 함께 의상실을 운영하고 있다. 오판희 씨는 자신이 소유한 서울 반포 소재 아파트를 딸하나 씨가 30살이 되면 증여해주기로 약속했다. 약속대로 딸의 30번째 생일인 2020년 2월 28일에 위 아파트의 소유자 명의를 이전해주었다.

문제는 최근 들어 아파트의 가격이 폭등하였다는 점이다. 오판희 씨가 딸에게 증여를 약속할 당시만 해도 아파트의 가격은 30억 원 대에서 크게 변동이 없었는데, 작년부터 가격이 폭발적으로 오르더니 2020년 들어서는 50억 원을 훌쩍 넘겨버렸다. 아파트 가격이 30억 원대라면 증여세는 10억 정도면 되는데, 아파트 가격이 50억 원을 넘다보니 50%의 최고세율 구간이 적용되어 실제 납부한 증여세는 20억 원에 이르렀다. 납부의무자는 수증자인 딸 하나 씨이지만, 실제로는 함께 운영하는 의상실의 수입으로 마련해서 납부했다.

그런데 최근 들어 경기침체로 오판희 씨의 한복사업이 급속히 악화되었다. 예상보다 더 많은 금액을 증여세로 지출하고 나니 의상실이 보유한 현금이 턱없이 부족해져 더 이상 버티기 어려운 상황이 되었다. 모녀는 상의 끝에 증여를 취소하고 납부한 증여세를 환급받기로 했다. 2020년 9월 10일자로 아파트의 소유권은 다시 오판희 씨 앞으로 이전되었다.

증여취소를 이유로 세무서에 증여세 환급을 신청하는 과정에서 오판희 씨 모녀는 기절초풍할 말을 듣게 된다. 증여가 취소되었어도 이미

납부한 증여세는 돌려받을 수 없다는 것이었다. 더 충격적인 사실은

오판희 씨가 딸 하나 씨로부터 부동산을 돌려받은 것을 새로운 증여로 보아, 오판희 씨에게 증여세 20억여 원이 또다시 부과될 예정이라는 것이다. 도대체 어디서부터 잘못된 것일까?

증여받은 재산의 반환에 따른 과세문제

증여에 따라 증여세 납세의무가 성립한 후에 수증자가 증여받은 재산을 반환하더라도 당초의 증여세 납세의무가 당연히 사라지는 것은 아니다. 당사자 간 합의로 증여재산을 무한정 반환할 수 있게 한다면 조세채권의 확보가 어려워지고, 조세회피를 위한 편법으로 악용될 수 있기 때문이다.

금전 이외의 재산 증여의 경우, 그 반환시기에 따라 증여세 납세의무가 달라진다.

1. 증여세 신고기한 이내에 반환한 경우에는 당초 증여를 받은 수증자와 증여재산을 반환받는 증여자 모두 증여세 납세의무를 지지 않는다.
2. 증여세 신고기한 이후 3개월 내에 반환한 경우에는 당초 증여는 그대로 과세하고, 다만 증여재산 반환에 대해서는 별도로 과세하지 않는다.
3. 증여세 신고기한 이후 3개월을 넘어서 반환한 경우에는 당초 증여에 대해 과세하는 것은 물론이고, 증여재산 반환을 새로운 증여로 보아 또다시 증여세가 과세된다.

반환기간	과세 여부	
	당초 증여부분	반환부분
신고기한 이내	과세 안함	과세 안함
신고기한 경과 3개월 이내	과세	과세 안함
신고기한 경과 3개월 이후	과세	과세

증여세 내기 싫다고 돌려줬다가는 증여세를 두 번 물게 될 수 있다

사례의 경우 오판희 씨가 딸 하나 씨에게 아파트를 증여한 날은 2020년 2월 28일이었으므로 증여세 신고기한은 2020년 5월 31일이 된다.[11] 그런데 오판희 씨가 사업악화를 이유로 아파트를 돌려받은 날은 2020년 9월 10일로 증여세 신고기한으로부터 3개월이 지난 뒤였다.

따라서 당초의 증여에 대해서 이미 납부한 증여세는 환급받을 수 없고, 아파트를 돌려받은 것은 새로운 증여로 평가하여 증여세를 또다시 납부해야 한다. 반환 당시의 아파트 시가인 50억여 원을 기준으로 하면 증여세만 20억 원 정도이다. 게다가 소유권이전등기에 따른 취득세와 등기비용 등을 감안하면 실제 부담액은 더 커지게 된다.

아파트의 소유권이 오판희 씨에게 남아있다는 상황은 변함이 없는데, 세금만 40억 원 이상을 납부하게 되었다. 세법을 꼼꼼히 검토하지 않은 판단 미스로 증여세가 두 번이나 부과되어 아파트 자체를 날린 것과 다름없는 상황이 되어버린 것이다.

---

11) 증여받은 날이 속하는 달의 말일로부터 3개월

만약에 2020년 5월 31일 전에 반환이 이루어졌더라면, 납부한 증여세 20억 원을 모두 돌려받을 수 있었다. 2020년 8월 31일 이전에 반환이 이루어졌더라면, 납부한 증여세는 돌려받지 못해도 추가로 20억 원의 증여세를 납부할 필요는 없었다.

아들에게는 한 푼도 물려주기 아까운 차가훈 씨

차가훈 씨는 슬하에 딸 하나 씨와 아들 두리 씨를 두고 있다. 아내와는 몇 년 전에 사별했다. 차가훈 씨는 자신이 죽은 후에 아들 두리 씨가 상속받은 재산을 모두 탕진할 것이 벌써부터 걱정이다. 아들이 귀한 차가훈 씨 집에서 두리 씨는 정말 어렵게 얻은 아들이었고, 차가훈 씨 부부의 사랑은 남들이 보기에 지나칠 정도였다. 그러던 중 두리 씨가 아버지의 눈 밖에 난 것은 도박에 손을 대기 시작하면서였다.

현재 차가훈 씨의 재산은 임대수입이 나오는 4억 원짜리 상가와 거주하고 있는 6억 원 상당의 아파트, 이렇게 총 10억 원 정도이다. 상속이 이루어지면 차두리는 자신의 상속분을 곧바로 도박으로 탕진할 게 분명하다. 뻔히 눈에 보이는 상황이라 차가훈 씨는 아들에게는 단 한 푼도 물려주고 싶은 마음이 없다. 아들이 밉기도 하지만, 한편으로는 아들이 걱정되기도 한다. 차라리 딸인 차하나에게 전 재산을 물려주면 똑부러지는 딸이 재산을 잘 관리하면서 아들에게 생계유지에 필요한 지원 정도는 해줄 것으로 보였다.

차가훈 씨는 아들을 상속에서 제외하기로 마음먹었다. 하지만 이 경우 유류분반환청구의 문제가 남아있다. 유류분 반환의 문제 없이 딸에게만 상속할 수 있는 방법을 고민하다가 차하나 씨의 자녀, 그러니까 외손자에게 4억 원짜리 상가를 증여하였다. 차가훈 씨는 아들을 상속에서 배제하겠다는 자신의 속마음을 아들 차두리는 물론 딸 차하나에게도 일절 알리지 않았다.

차가훈 씨의 보유재산 중 4억 원짜리 상가를 외손자에게 증여하고 남아있는 재산은 거주 중인 6억 원짜리 아파트뿐이다. 별도의 현금성 자산이 없는 상황이라 차가훈 씨는 6억 원짜리 아파트를 매각하여 그 대금을 생활비와 병원비로 모두 사용했다. 위 증여 후 5년이 지나 차가훈 씨는 사망했다. 사망 당시 별다른 상속재산은 없었다.

딸에게만 단독으로 상속할 경우의 유류분반환청구

우리 민법에서는 「유류분」이라는 이름 하에 상속인들에게 법정상속분의 일정 부분을 보장하고 있다. 피상속인의 처분의 자유를 무제한 허용한다면 상속에서 배제된 상속인은 생활기반이 무너져 생존이 위협받을 수도 있기 때문이다.

유류분 권리자는 피상속인의 직계비속·배우자·직계존속·형제자매이다. 피상속인의 직계비속과 배우자의 유류분은 법정상속분의 1/2이고, 피상속인의 직계존속과 형제자매의 유류분은 법정상속분의 1/3이다.

위 사례에서 직계비속인 차하나 씨와 차두리 씨의 상속분은 각각 1/2이고, 유류분은 법정 상속분의 1/2이 된다. 따라서 차두리 씨는 상속재산의 1/4만큼은 유류분으로 보장받는다.

📖 민법

제1112조(유류분의 권리자와 유류분) 상속인의 유류분은 다음 각 호에 의한다.
1. 피상속인의 직계비속은 그 법정상속분의 2분의 1
2. 피상속인의 배우자는 그 법정상속분의 2분의 1
3. 피상속인의 직계존속은 그 법정상속분의 3분의 1
4. 피상속인의 형제자매는 그 법정상속분의 3분의 1

상속개시 1년 이전에 제3자에게 증여를 하면
유류분반환청구를 피할 수도 있다

공동상속인이 아닌 제3자에 대한 증여는 원칙적으로 상속개시 1년 내에 행한 것에 한하여 유류분반환청구가 가능하다. 다만, 증여 당시에 당사자 쌍방이 유류분권리자에 손해를 가할 것을 인식하고 증여한 경우라면, 상속개시 1년 이전에 한 것에 대해서도 유류분반환청구가 허용된다.

사례에서 외손자에 대한 증여는 제3자에 대한 증여에 해당한다. 딸 차하나가 생존해 있기 때문에 딸인 차하나가 상속인이고, 외손자는 상속권이 없는 제3자이다. 차가훈 씨는 사망일로부터 1년 이전에 증여를 하였고, 증여 당시에 증여재산인 상가의 가액(4억 원)을 초과하는 다른 상속재산인 아파트(6억 원)가 남아있었다. 뿐만 아니라 아들을 상속에서 배제하겠다는 자신의 의중을 차두리 씨는 물론 차하나 씨에게도 일절 밝히지 않았다. 아직 어린 외손자는 더더욱 이런 사정을 알 수가 없다.

따라서 당사자 "쌍방이" 유류분권리자에게 손해를 가할 것을 알고 증여한 때에 해당하지 않아, 차두리 씨의 유류분반환청구는 부인될 것이다.[12] 결국 차가훈 씨는 차하나의 자녀인 외손자에게만 증여함으로써 사실상 차하나에게만 상속재산을 물려준 셈이 된다.

---

12) 물론 다른 사실관계가 드러난다면, 이를테면 차두리를 상속에서 배제하기로 차가훈과 차하나가 미리 계획했다는 증거가 나타나는 경우, 차두리의 유류분반환청구가 인정될 수도 있다.

대법원 2012. 5. 24. 선고 2010다50809 판결

공동상속인이 아닌 제3자에 대한 증여는 원칙적으로 상속개시 전의 1년간에 행한 것에 한하여 유류분반환청구를 할 수 있고, 다만 **당사자 쌍방이 증여 당시에 유류분권리자에 손해를 가할 것을 알고 증여를 한 때에는 상속개시 1년 전에 한 것에 대하여도 유류분반환청구가 허용된다.** 증여 당시 법정상속분의 2분의 1을 유류분으로 갖는 직계비속들이 공동상속인으로서 유류분권리자가 되리라고 예상할 수 있는 경우에, **제3자에 대한 증여가 유류분권리자에게 손해를 가할 것을 알고 행해진 것이라고 보기 위해서는, 당사자 쌍방이 증여 당시 증여재산의 가액이 증여하고 남은 재산의 가액을 초과한다는 점을 알았던 사정뿐만 아니라, 장래 상속개시일에 이르기까지 피상속인의 재산이 증가하지 않으리라는 점까지 예견하고 증여를 행한 사정이 인정되어야 하고, 이러한 당사자 쌍방의 가해의 인식은 증여 당시를 기준으로 판단**하여야 한다.

증여세의 높은 누진세율을 피하고 싶었던 아버지

단순한 씨는 20여 년 전 아내와 사별한 후 홀로 아들을 키워왔다. 자신의 재산을 사랑하는 아들에게 증여해서 하루빨리 아들의 삶의 기반을 마련해주고 싶다. 그런데 한꺼번에 많은 재산을 증여하면 높은 누진세율이 적용된다는 이야기를 들었다. 세금부담을 줄이는 방법을 고민하던 중에 인터넷에서 아래의 상속·증여세 세율표를 확인했다.

과세표준	적용세율	누진공제
1억 원 이하	10%	
1억 원 초과 5억 원 이하	20%	1천만 원
5억 원 초과 10억 원 이하	30%	6천만 원
10억 원 초과 30억 원 이하	40%	1억 6천만 원
30억 원 초과	50%	4억 6천만 원

표에 의하면 10억 원을 증여하면 30%의 세율이 적용되지만, 1억 원의 재산을 증여하면 10%의 세율이 적용될 뿐이다. 단순히 생각해보면 10억 원을 증여하면 약 3억 원을 세금으로 내야 하지만, 1억 원씩 쪼개어 총 10억 원을 증여하면 1억 원 정도의 세금만 내면 된다.

단순한 씨는 시간날 때마다 틈틈이 재산을 현금화하여 아들에게 10여 차례에 걸쳐 1억 원씩 10억 원을 증여했다. 물론 증여 때마다 산출된 증여세도 잊지 않고 신고·납부했다.

그런데 얼마 전 아들 앞으로 증여세 추징고지서가 나왔다. 아들이 단순한 씨로부터 증여받은 재산에 대해서는 10%가 아니라 30%의 세율을 적용하여 증여세를 재계산해야 한다는 것이다. 도대체 무엇이 잘못된 것일까?

10년 내 분산증여한 재산은 모두 합산과세된다

상속세 및 증여세법에서는 동일인으로부터 10년 동안 증여받은 재산가액이 1,000만 원 이상인 경우에는 합산해서 과세하도록 하고 있다. 아버지가 아들에게 10년 동안 1억 원씩 나누어 10회 증여해도, 결국 합산되어 10억 원을 한 번에 증여한 것과 동일하게 평가한다. 따라서 10%가 아닌 30%의 누진세율이 적용된 세금을 추가로 납부해야 한다. 상속세 및 증여세법은 이른바 "쪼개기 증여"를 통해 증여세를 줄이려는 시도를 차단하고 있는 것이다.

그렇다면 우선은 10년마다 시차를 두고 나누어 증여하는 것이 합산과세를 피할 수 있는 가장 쉬운 방법이다.

합산배제 재산을 증여하는 방법으로 합산과세를 피하라

다음으로 합산배제 재산을 증여하는 방법도 생각해볼 수 있다. 아래에 해당하는 증여재산은 다른 재산과 합산하지 않기 때문에, 합산에 따른 누진세율의 적용을 받지 않아 증여세 절세효과를 누릴 수 있다.

1. 재산취득 후 해당 재산의 가치가 증가하는 경우의 이익
2. 전환사채 등에 의하여 주식전환 등을 함으로써 얻은 이익
3. 전환사채 등을 특수관계인에게 고가로 양도함으로써 얻은 이익
4. 주식 등의 상장 등에 따른 이익
5. 합병에 따른 상장 등 이익
6. 특수관계법인과의 거래를 통한 이익의 증여의제
7. 특수관계법인으로부터 제공받은 사업기회로 발생한 이익의 증여의제

위 항목 중에서 비교적 용이하게 접근할 수 있는 방법은 "전환사채"나 "비상장주식"을 증여하는 방법이다. 증여자가 전환사채나 비상장주식을 증여하고 수증자가 전환이나 상장 등을 통해 이익을 얻은 경우에 그 이익에 대해서 과세하는 것은 당연하지만, 다른 재산과 합산되지 않는다는 점이 중요한 포인트이다. 이 방법을 잘 활용하면 비교적 낮은 세율이 적용된 증여세를 납부하고, 추후 합산과세에 따른 부담이 발생되지 않는다는 장점이 있다.

다만, 전환사채의 전환이나 비상장주식의 상장은 그 자체가 많은 법률적·세무적 이슈를 담고 있기 때문에 그 실행에 있어서는 미리 전문가의 조언을 받는 것이 필수이다.

스무 살 어린 내연녀에게
아파트를 마련해준 대기업 임원

대기업의 임원인 양달남 씨에게는 스무 살 어린 내연녀 간통희가 있다. 둘은 직장 상사와 부하직원의 관계였다가 어느 순간 정이 깊어졌다. 양달남은 간통희에게 살림까지 차려주었다. 양달남 명의로 시가 10억 원 상당의 아파트를 구입한 다음, 간통희가 거주하게 하였다. 그러던 중 양달남은 병원에서 췌장암 진단을 받게 되었고, 죽음이 임박해진 양달남은 아파트 명의를 간통희에게 이전해주었다. 아파트 증여에 따른 증여세는 간통희가 납부했다. 아마 이마저도 양달남이 내주었을 것이다.

한편, 양달남의 상속인으로는 20년을 동고동락한 부인 본부희와 미성년인 딸 양하나가 있다. 양달남이 보유하고 있던 회사 스톡옵션 주식은 간통희에게 아파트를 사주느라 모두 처분한 상황이고, 남아있는 상속재산은 가족과 거주하는 시가 18억 원 상당의 아파트 1채와 은행예금 2억 원 정도이다. 부인과 딸은 남편이 회사의 스톡옵션을 보유한 사실 자체를 모르고 있었다. 배우자 공제와 동거주택 상속공제 등을 받고 나니 납부해야 할 상속세가 많지 않다는 게 다행이라고 생각했을 따름이다.

그런데 양달남의 사망 후 1년 남짓 지나서 세무서로부터 상속인인 본부희와 양하나에게 상속세 납세고지서가 날아왔다. 양달남이 내연녀 간통희에게 시가 10억 원 상당의 아파트를 증여해준 사실이 있는데, 이에 대한 상속세를 본부희와 양하나가 내야 한다는 것이다.

내연녀에게 증여한 아파트에 대한
세금을 본처가 내야 한다?

믿기 어렵지만 사실이다. 우리 세법상으로 피상속인(사례에서 양달남)이 사망 전 5년 내에 제3자에게 증여한 재산은 상속재산에 모두 포함된다. 그리고 추가된 상속재산에 대한 상속세는 증여받은 제3자가 아닌 상속 인들이 내야 한다. 상속세를 회피하기 위해 제3자의 명의를 빌려 증여 의 형식으로 재산을 빼돌리는 것을 규제하기 위함이다. 제3자가 증여받 을 당시에 증여세를 냈다면, 그 금액만큼 상속세를 계산할 때 빼줄 뿐 이다.

따라서 양달남이 내연녀인 간통희에게 증여한 10억 원 상당의 아파 트는 양달남의 상속재산에 고스란히 합산되었다. 늘어난 상속재산에 대 해 누진세율이 적용됨에 따라, 상속인 본부희와 양하나가 추가로 부담 해야 하는 상속세는 무려 억대 금액이 되었다.

만약 망인이 증여가 아닌 유증의 방식을 택했더라면,
내연녀도 상속세를 부담했을 것이다

결과론적인 이야기이지만, 내연녀에게 아파트를 증여하려면 양달남 은 생전증여가 아닌 유증을 택했어야 했다. "유증"이란 유언에 의하여 상속재산을 타인에게 증여하는 것을 말한다.

유증의 경우에는 증여받은 상대방(사례에서 간통희)은 상속인과 마찬가지 로 자신이 받은 비율만큼의 상속세를 납부해야 한다. 이 사건의 경우 간통희가 증여받은 아파트의 재산가액은 전체 상속재산가액 30억여 원의 1/3 정도가 된다.

그런데 양달남이 유증이 아닌 생전증여를 택하는 바람에 간통희에게 증여한 10억 원짜리 아파트에 대한 상속세 부담은 고스란히 본처와 자식이 부담하게 되었다. 이로 인해 양달남은 부인과 자식에게 씻을 수 없는 상처를 안겨주었다. 내연녀가 있었다는 것도 충격인데, 내연녀에게 아파트까지 사주었고, 게다가 그에 대한 세금은 본처와 자식이 내야 한다니. 양달남은 자신의 기일에 제삿밥이라도 제대로 챙겨먹을 수 있을까.

여담이지만, 최근 사망한 모 재벌회장의 배우자가 남편의 장례기간 중 빈소를 지키지 않아 구설수에 오른 적이 있다. 재벌회장이 내연관계에 있는 회사 직원에게 아파트를 사주고 살림까지 차려준 사실이 임종 즈음에 밝혀졌기 때문이라고 한다. 회장 부인은 남편이 내연녀에게 사준 아파트에 대해 상속세까지 부담하게 되었으니, 도저히 남편을 용서할 수 없었던 모양이다.

자녀들 간의 다툼을 예상하고,
이를 막기 위해 재산을 공평하게 증여한 아버지

당뇨병으로 투병 중인 예상무 씨는 슬하에 딸 하나 씨와 아들 두리 씨, 아들 세찌 씨 이렇게 3명의 자녀를 두고 있다. 부인과는 몇 년 전 사별했다. 문제는 자식들 간에 사이가 그리 좋지 못하다는 점이다. 미리 재산분배에 대해 명쾌하게 정리해놓지 않으면 자신의 사망 후 자녀들 간 분쟁은 불을 보듯 뻔한 상황이었다.

예상무 씨는 2015년에 딸 하나 씨가 결혼할 때 결혼자금 조로 현금 10억 원을 증여했다. 이때 두리 씨와 세찌 씨에 대해서도 재산을 공평하게 나누어주기로 했다. 두리 씨에게는 예상무 씨가 거주 중인 반포 소재 아파트를, 세찌 씨에게는 예상무 씨가 임원으로 퇴직한 제약회사의 주식을 증여했다. 아파트와 주식 둘 다 시가가 10억 원 정도라 세 자녀 모두에게 공평한 배분이었다. 증여에 앞서 세 자녀의 의견을 물어 스스로 원하는 재산형태를 선택한 것이고, 향후 재산분배에 관해서 이의를 제기하지 않겠다는 합의서에 각자의 서명까지 받았다.

예상무 씨는 5년 뒤인 2020년에 병원에서 사망하였다. 미리 자녀들에게 재산의 대부분을 증여했기 때문에, 사망 당시에는 치료비 조로 남겨둔 현금 일부를 제외하고는 별다른 재산이 없었다.

문제는 사전에 증여한 재산의 가격변동이었다. 두리 씨에게 증여한 반포 소재 아파트는 재건축이 확정되면서 증여 당시에 시가 10억 원이었던 것이 2020년에는 30억 원으로 3배 상승했다. 세찌 씨가 보유한 주식의 가격상승은 더 놀라웠다. 제약회사의 신약개발이 잇달아 성공하면서 5년 만에 주가가 무려 8배 폭등해서 세찌 씨가 보유한 주식의 평가액은 80억 원이 되었다.

현재 자녀들은 재산 문제로 설전을 벌이고 있다. 하나 씨는 두리 씨와 세찌 씨를 상대로, 두리 씨는 세찌 씨를 상대로 재산의 재분배를 요구하고 있는 상황이다. 물론 요구를 받은 상대방은 이를 거부하고 있다. 유류분반환청구소송을 불사하는 현 상황에서 과연 결과는 어떻게 될까?

유류분의 반환문제

「유류분」이란 피상속인의 생전처분 또는 유언에 따른 상속재산 처분의 자유를 제한하여 법정상속인 중 일정한 범위의 유족에게 법률상 보장된 상속재산의 일정비율을 말한다. 유류분의 비율은 직계비속과 배우자는 그 법정상속분의 1/2, 직계존속과 형제자매는 그 1/3이다.

유류분은 상속개시 시에 남아있는 재산에 사전증여재산의 가액을 가산하고, 채무의 전액을 공제하여 계산한다. 제3자에게 증여한 재산은 원칙적으로 상속개시 전 1년 내에 증여한 재산만을 합산하지만, 공동상속인에게 증여한 재산은 기간제한 없이 전부 합산한다.

여기서 증여재산의 가액은 증여 당시가 아니라 상속개시 당시를 기준으로 평가한다. 따라서 증여 당시에는 유류분이 문제되지 않았더라도 이후 시가가 오르면서 상속개시 시점에서 유류분이 문제되는 경우가 있다.

대법원 2015. 11. 12. 선고 2010다104768 판결

유류분반환의 범위는 상속개시 당시 피상속인의 순재산과 문제된 증여재산을 합한 재산을 평가하여 그 재산액에 유류분청구권자의 유류분 비율을 곱하여 얻은 유류분액을 기준으로 산정하는데, <u>증여받은 재산의 시가는 상속개시 당시를 기준으로 하여 산정하여야 한다.</u>

예상치 못한 시가변동으로
피할 수 없게 된 자녀들 간의 분쟁

사례를 보자. 예상무 씨가 자녀들에게 재산을 증여할 당시에는 재산 가액은 각각 10억 원으로 공평했지만, 예상무 씨의 사망 당시에는 그 가액이 달라졌다. 현금은 그대로 10억 원이지만 아파트는 30억 원, 주식은 80억 원이 된 것이다. 상속개시 당시를 기준으로 증여재산을 평가해서 상속재산에 합산하면 유류분 산정의 대상재산은 총 120억 원(현금 10억 원+아파트 30억 원+주식 80억 원)이 된다.[13]

자녀들 각자의 유류분은 1/6이다. 자녀 3명의 법정상속분이 1/3씩이고, 이에 대해서 1/2의 유류분 비율을 곱하면 된다. 120억 원을 기준으로 금액을 계산해보면, 각자 20억 원의 유류분을 주장할 수 있다.

하나 씨는 현금으로 10억 원만을 받았으니 자신의 유류분에 부족한 10억 원에 대해서 두리 씨와 세찌 씨에게 반환을 청구할 수 있다. 두리

---

13) 예상무 씨의 사망 당시에는 별다른 상속재산이 존재하지 않는다.

씨의 경우 세찌 씨보다 재산가치 상승률은 덜하지만, 자신이 증여받은 아파트의 시가가 30억 원으로 유류분 20억 원을 초과하기 때문에 유류분반환청구는 인정되지 않는다.

정리하면 두리 씨와 세찌 씨는 각자가 얻은 증여가액의 비율로 하나 씨에게 유류분 10억 원을 반환해야 한다. 이때 예상무 씨 생전에 자녀들이 서명한 합의서는 아무런 의미가 없다. 민법에서는 상속개시 전의 유류분의 포기약정은 효력을 인정하지 않기 때문이다.

부동산과 주식의 가격 상승이라는 예상치 못한 결과로 인해, 자신의 사후 자녀들 간에 재산분쟁이 없기를 기대했던 예상무 씨의 계획은 물거품이 되고 말았다.

03
Chapter

유언편

계약서를 작성할 때처럼 워드로 유언장을
작성하고 출력해서 도장을 날인하다

여든을 바라보는 최신척 씨는 새로운 문물에 관심이 많다. 이메일과 SNS도 하루도 빠짐없이 체크하고, 휴대폰도 항상 최신형 스마트폰으로 교체한다. 유언장도 촌스럽게 손글씨로 적을 것이 아니라 스마트하게 워드로 작성하기로 했다.

처음에는 유언장을 워드로 작성하여 컴퓨터에 파일로 저장한 후 변호사에게 비밀번호를 알려주는 방법을 생각했다. 하지만 이내 접기로 했다. 모 정치인이 사망 전에 컴퓨터에 유언장을 저장해놓았다가 불필요한 의혹과 음모론이 판을 치는 것을 보았기 때문이다. 실제로도 컴퓨터 파일은 시간설정을 바꾸는 방법으로 날짜 조작이 매우 쉽다.

그래서 워드로 유언장을 작성해서 프린터로 출력하기로 했다. 유언내용 전문, 작성연월일, 이름, 주소를 빠짐없이 적은 후 출력해서 인감도장을 날인하고 인감증명서까지 첨부했다.

그런데 자문변호사는 이러한 유언장은 아무런 효력이 없다고 한다. 도대체 왜일까?

「자필증서」에 의한 유언으로 인정받으려면
모든 내용을 스스로 작성해야 한다

계약서 등 대부분의 법률문서는 워드로 작성한 다음 출력하여 도장을 날인하거나 서명을 한다. 이러한 법관행에 비추어보면, 워드로 작성한 유언장을 무효로 볼 이유는 없을 것 같다.

하지만 유언장은 일반적인 법률문서와는 달라서 유언자가 사망한 후에야 비로소 법적 효력이 발생한다. 그런데 유언자가 사망한 뒤에는 그 진위에 대해 확인해줄 수 없다. 죽은 자는 말이 없기 때문이다.

유언자의 도장이 날인되어 있다고는 하나, 유언자가 사망한 후에 제3자가 워드로 작성해서 유언자의 도장을 찍어버리면 그만이다. 이러한 이유로 워드로 작성한 유언장은 위조 내지 변조의 위험이 크다고 보아 효력을 인정받지 못한다. 향후에도 법이 개정될 가능성은 없어 보인다. 자필증서에 의한 유언으로 인정받으려면 모든 내용을 유언자가 스스로 작성해야 한다.

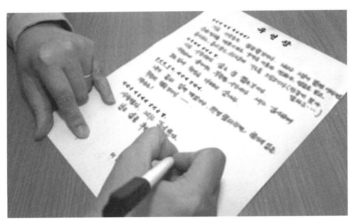

[출처] https://weekly.donga.com/List/3/all/11/98404/1

다만, 워드 유언장이 「비밀증서」의 요건을
갖추었다면 그 효력을 인정받을 수 있다

워드로 작성한 유언장이 효력을 인정받으려면 「비밀증서」의 요건을 갖추어야 한다. 유언자가 사망하기 전까지 유언을 비밀로 하고 싶을 때 이 방식에 의해 유언증서를 작성한다.

유언장에 유언의 취지와 유언자의 성명을 기재하고 봉인·날인한 후 2인 이상의 증인 앞에 제출하여 자신의 유언장임을 표시한다. 그리고 봉서 표면에 제출한 날짜를 기재하고, 유언자와 증인이 각각 날인한다. 기재된 날로부터 5일 이내에 법원 또는 공증인에게 제출하여 봉인의 확정일자까지 받아야 한다.

[출처] https://app.handelsblatt.com/

📖 민법

제1069조(비밀증서에 의한 유언) ① 비밀증서에 의한 유언은 유언자가 필자의
성명을 기입한 증서를 엄봉날인하고 이를 2인 이상의 증인의 면전에 제출하
여 자기의 유언서임을 표시한 후 그 봉서표면에 제출연월일을 기재하고 유언
자와 증인이 각자 서명 또는 기명날인하여야 한다.
② 전항의 방식에 의한 유언봉서는 그 표면에 기재된 날로부터 5일 내에 공
증인 또는 법원서기에게 제출하여 그 봉인상에 확정일자인을 받아야 한다.

위에서 보는 것처럼 비밀증서에 의한 유언은 그 요건이 매우 까다롭
다. 2명 이상의 증인이 있어야 하고, 증인이 1명뿐인 경우에는 효력이
없다. 유언장에 기재된 날로부터 5일 내에 법원 등에 제출하여야 하기
때문에, 5일이 지나서 제출하면 효력이 없고 유언장을 다시 작성해야
한다.

임종까지 자신을 봉양한 아들에게 전 재산을
물려주겠다는 아버지의 유언

부인과 사별하고 부쩍 기력이 약해진 주소흠 씨는 생(生)의 마지막을 준비하고 있다. 그런데 죽음이 얼마 남지 않은 아버지를 어떻게 모실 것인지에 대해 자녀들의 의견이 다르다. 딸 하나 씨는 거동이 불편한 아버지를 직접 모시기 쉽지 않으니 요양병원에 보내자는 입장이고, 아들 두리 씨는 자식된 도리로 직접 모시는 게 맞다는 입장이다.

딸 하나 씨는 아버지를 모실 생각이 전혀 없는지라, 아들 두리 씨가 자신의 집에서 아버지를 모시기로 했다. 서울 강남구 일원동 123번지의 큰 집에서 혼자 거주하고 있던 주소흠 씨를 아들 두리 씨의 강동구 암사동 456번지의 집으로 모셔왔다.

주소흠 씨는 겉으로는 내색을 하지 않았지만 딸 하나 씨에 대해 섭섭한 감정을 숨길 수 없었다. 주소흠 씨는 자신을 끝까지 봉양하겠다는 아들 두리 씨에게 전 재산을 물려주기로 한다.

주소흠 씨가 작성한 유언장의 내용은 다음과 같다. "나 주소흠은 강남구 일원동 소재 주택과 대치동 소재 상가를 포함하여 전 재산을 아들 주두리에게 물려준다. 2020. 1. 10. 암사동에서 주소흠 씀" 자신이 작성한 것이 분명하도록 모두 자필로 기재했고, 인감도장까지 날인했다. 그리고 3개월여 지난 후 주소흠 씨는 생을 마쳤다.

그런데 주소흠 씨의 유언장 내용을 두고 자녀들 사이에 논란이 되고 있다. 아들 두리 씨는 아버지의 뜻대로 전 재산을 자기가 상속받아야 한다는 입장이다. 필요하다면 누나에게 유류분(전 재산의 1/4)까지는 양보할 수 있지만, 그 이상은 안된다는 입장이다. 반면에 딸 하나 씨는 유언장은 무효이기 때문에 법정상속비율에 따라 1/2씩 나눠야 한다는 입장이다. 누구 말이 옳은 것일까?

유언장의 작성방법

민법상 유언의 방식은 자필증서, 녹음, 공정증서, 비밀증서, 구수증서의 5가지가 있다. 그중 일반인들이 가장 쉽게 이해할 수 있는 것은 자필증서이다. 피상속인이 자신의 손글씨로 유언의 내용을 작성하는 것이기 때문이다.

문제는 자필증서의 방식이 생각 외로 까다롭다는 점이다. 우리 민법에서는 자필증서가 효력을 발생하기 위한 요건으로 아래의 5가지 내용을 모두 자서(自書)할 것을 요구하고 있다. 이 중 하나라도 빠지면 유언은 무효가 된다.

1. 전문(全文)
2. 작성연월일
3. 주소
4. 성명
5. 날인

📖 민법

제1066조(자필증서에 의한 유언) ① **자필증서에 의한 유언은 유언자가 그 전문과 연월일, 주소, 성명을 자서하고 날인하여야 한다.**
② 전항의 증서에 문자의 삽입, 삭제 또는 변경을 함에는 유언자가 이를 자서하고 날인하여야 한다.

"암사동에서"라는 부분은
주소의 기재로 볼 수 없어 유언은 무효가 된다

주소는 유언자의 생활의 근거지이면 되고, 반드시 주민등록법에 의해 등록된 곳일 필요는 없다. 따라서 주소흠 씨가 주민등록지인 강남구 일원동 123번지가 아니라 현 거주지인 암사동 456번지를 써도 된다.

문제는 주소흠 씨가 번지까지 정확히 쓴 것이 아니라 "암사동에서"라고만 기재한 것이다. 암사동 땅 전부가 주소흠 씨의 집일 수는 없는 것이니, 주소를 "암사동에서"라고만 기재한 것은 유언으로서의 효력이 없다는 것이 대법원 판례의 입장이다.

 대법원 2014. 9. 26. 선고 2012다71688 판결

민법 제1065조 내지 제1070조가 유언의 방식을 엄격하게 규정한 것은 유언자의 진의를 명확히 하고 그로 인한 법적 분쟁과 혼란을 예방하기 위한 것이므로, 법정된 요건과 방식에 어긋난 유언은 그것이 유언자의 진정한 의사에 합치하더라도 무효이다. 따라서 자필증서에 의한 유언은 민법 제1066조 제1항의 규정에 따라 유언자가 전문과 연월일, 주소, 성명을 모두 자서하고 날인하여야만 효력이 있고, **유언자가 주소를 자서하지 않았다면 이는 법정된 요건과 방식에 어긋난 유언으로서 효력을 부정**하지 않을 수 없으며, 유언자의 특정에 지장이 없다고 하여 달리 볼 수 없다. 여기서 자서가 필요한 주소는 반드시 주민등록법에 의하여 등록된 곳일 필요는 없으나, 적어도 민법 제18조에서 정한 생활의 근거되는 곳으로서 다른 장소와 구별되는 정도의 표시를 갖추어야 한다.

(중략)

위와 같은 사실관계를 앞서 본 법리에 비추어 살펴보면, 설령 망인이 원심 인정과 같이 원고의 위 암사동 주소지에서 거주하였다고 볼 수 있다 하더라도, **망인**

이 이 사건 유언장에 기재한 '암사동에서'라는 부분을 다른 주소와 구별되는 정도의 표시를 갖춘 생활의 근거되는 곳을 기재한 것으로 보기는 어렵다. 따라서 이 사건 유언장은 주소의 자서가 누락되어 법정된 요건과 방식에 어긋나므로 그 효력이 없다고 할 것이다.

유언장의 5가지 필수적 기재사항 중에서 다른 부분들은 쉽게 동의할 수 있지만, 주소를 반드시 기재해야 한다는 것은 고개를 갸웃하게 만든다. 일반인의 법상식과 괴리가 있는 부분이다.

자필유언장에 주소의 기재까지 요구하는 나라는 찾기 어렵다. 독일의 경우는 전문의 자서와 서명만 있으면 되고,(2가지) 프랑스는 날짜 기재까지 추가한다.(3가지) 일본은 날인까지 있을 것을 요구한다.(4가지) 그런데 우리나라는 더 나아가 주소기재까지 요구하는 것이다.(5가지)

이처럼 과도하게 까다로운 민법 조항에 대해서 여러 차례 위헌 여부가 문제되었으나, 헌법재판소는 문제가 없다고 반복해서 결정했다. 입법론적으로는 개정이 필요한 부분이지만, 개정 전에는 현행법을 따를 수밖에 없다.

결론적으로 주소를 기재하지 않은 주소흠 씨의 유언장은 아무런 효력이 없다. 주하나 씨와 주두리 씨는 법정상속비율에 따라 1/2씩 상속을 받게 된다.

가족들을 불러놓고 증인에게
유언을 받아 적게 한 아버지

구수한 씨의 상속인으로는 하나, 두리, 세찌의 3자녀가 있다. 부인과 사별한 뒤 몇 년 전 마음이 맞는 동거희 씨를 만나 사실혼 관계를 유지하고 있으나 혼인신고는 하지 않았다. 자녀들이 자신들의 상속분이 줄어들 것을 우려하여 혼인신고를 극력 반대했기 때문이다.

구수한 씨는 몇 개월 전 뇌졸중으로 갑자기 쓰러졌다. 몇 달간 병원에 입원해 있으면서 처음에는 사람도 알아보지 못할 정도로 상태가 심각했다. 하지만 남편의 재활을 돕기 위한 아내 동거희 씨의 눈물겨운 노력 덕분에 일상생활이 가능한 상태까지 회복했다. 그 과정에서 자녀들은 아버지가 이미 사망한 것인 양 상속재산의 분배에 대해서만 관심을 가졌다.

꾸준한 재활치료를 통해 정상적인 의사표현이 가능하게 된 구수한 씨는 유언을 하겠다며 동거희 씨와 자녀 셋을 모두 불러모았다. 변호사와 법무사도 증인으로 참여하게 했다. 구수한 씨는 아버지의 건강에는 관심이 없고 재산만 욕심내는 자녀들을 호되게 꾸짖으며, 자신의 재산 중 절반은 사실혼 아내인 동거희 씨에게 나누어줄 것임을 선언했다. 다만, 자녀들이 향후 소송을 제기할 것을 우려하여 자녀들에게도 유류분에 해당하는 비율(각자 1/6)만큼은 나누어주기로 했다.

구수한 씨가 불러준 내용을 변호사가 받아 적었고, 가족들 앞에서 낭독한 후 변호사와 법무사가 증인으로서 날인했다. 며칠 뒤 법원에 가서 검인신청도 받았다. 이 과정에서 자녀들은 아버지의 눈 밖에 날까봐 입도 뻥끗하지 못했다.

몇 달 뒤 상태가 급격히 악화된 구수한 씨는 세상을 떠났다. 구수증서

를 작성했던 변호사가 유언에 따른 재산분배를 진행하려 하자, 자녀들
이 선임한 다른 변호사가 제지하고 나섰다. 유언장은 아무런 효력이
없으므로 동거희 씨는 전혀 상속권이 없으며, 전 재산은 자녀들이 각
각 1/3씩 분배받아야 한다고 주장한 것이다.

민법상 유언장의 작성방식

민법상 유언장의 작성방식의 종류와 그 특징을 소개하면 다음과
같다. 각각의 유언의 방식은 매우 까다로우며, 그 요건을 충족하지
못한 유언은 무효가 된다.

종 류	방 식	요 건
자필증서	유언자가 유언내용, 작성날짜, 주소, 성명을 자필로 작성하고 날인하는 방식	모든 내용을 유언자가 직접 작성해야 한다. 워드로 작성한 유언은 무효가 된다.
녹음	녹음기기를 이용해 음성으로 유언을 남기는 방식. 스마트폰도 가능	증인이 참여한 가운데, 유언자가 유언내용, 성명, 연월일을 모두 육성으로 녹음해야 한다.
공정증서	공증인으로부터 공증을 받는 방식	유언내용을 공증인이 받아적은 후, 유언자와 증인 2명이 확인하고 각자 서명 및 날인해야 한다.
비밀증서	유언이 있다는 사실은 알리되, 사망 전까지 그 내용은 비밀로 하는 유언	유언장을 봉인한 후 유언자와 2명 이상의 증인이 각각 날인하고, 5일 이내에 공증인 또는 법원에 제출해야 한다.

종 류	방 식	요 건
구수증서	질병이나 급박한 사유로 다른 방식에 의한 유언을 할 수 없을 때 증인이 유언자의 말을 받아 적는 방식	유언내용을 증인 2인 중 1인이 받아 적은 후, 증인들이 기명날인하여 7일 내에 법원에 검인을 신청해야 한다.

녹음이나 공정증서에 의한 유언이 가능하였으므로, 구수증서에 의한 유언은 효력이 없다

사례에서 구수한 씨가 불러준 내용을 증인이 받아적는 방식으로 이루어진 유언을 「구수증서에 의한 유언」이라 한다. 구수증서에 의한 유언은 질병이나 급박한 사유로 인해 다른 방식에 의한 유언이 불가능한 경우에만 예외적으로 가능하다.

📖 민법

제1070조(구수증서에 의한 유언) ① 구수증서에 의한 유언은 **질병 기타 급박한 사유로 인하여 전4조의 방식에 의할 수 없는 경우**에 유언자가 2인 이상의 증인의 참여로 그 1인에게 유언의 취지를 구수하고 그 구수를 받은 자가 이를 필기낭독하여 유언자의 증인이 그 정확함을 승인한 후 각자 서명 또는 기명날인하여야 한다.
② 전항의 방식에 의한 유언은 그 증인 또는 이해관계인이 급박한 사유의 종료한 날로부터 7일 내에 법원에 그 검인을 신청하여야 한다.
③ 제1063조 제2항의 규정은 구수증서에 의한 유언에 적용하지 아니한다.

그런데 사례의 경우는 구수증서에 의한 유언을 해야 하는 급박한 사정이 인정되지 않는다. 구수한 씨가 재활치료를 통해 일상생활이 가능한 상태까지 건강을 회복하여 다른 방식에 의한 유언이 충분히 가능했기 때문이다. 구체적으로 살펴보면 다음과 같다.

1. 우선 「녹음에 의한 유언」이 가능했다. 변호사와 법무사가 증인으로 참여하였으니, 스마트폰이나 녹음기를 켜고 유언자의 유언내용과 증인의 참여사실을 녹음하면 된다.
2. 다음으로 「공정증서에 의한 유언」도 생각할 수 있다. 유언에 참여한 변호사가 공증인의 자격이 있다면, 다른 2명을 증인으로 참여케 한 다음 공증인이 유언내용을 받아적으면 된다. 주의할 것은 공증인과는 별도로 증인이 2인이 필요하다.

이와 같은 방식의 유언이 가능함에도 구수증서에 의한 유언을 한 결과, 상황은 동거희 씨에게 불리한 방향으로 흘러갔다. 동거희 씨는 사실혼 관계일뿐 법률상 배우자가 아니므로 어떠한 상속권도 인정되지 않는다. 동거희 씨가 구수한 씨를 병간호하였으니 기여분을 인정받아야 할 것 같지만, 민법상 기여분은 상속인만을 대상으로 한다. 결국 자녀들 셋이서 법정 상속비율로 1/3씩 재산을 분배받고 상속은 종결된다. 자녀들이 별도로 배려하지 않는 한, 동거희 씨는 한 푼도 상속받지 못한다.

이 사건은 유언에 참여한 변호사의 책임이 크다. 구수한 씨가 유언을 할 때 녹음기만 켰어도 될 일을, 변호사의 실수 때문에 유언장 자체가 휴지조각이 되어버린 것이다.

민법 제1065조 내지 제1070조가 유언의 방식을 엄격하게 규정한 것은 유언자의 진의를 명확히 하고 그로 인한 법적 분쟁과 혼란을 예방하기 위한 것이므로, 법정된 요건과 방식에 어긋난 유언은 그것이 유언자의 진정한 의사에 합치하더라도 무효라고 하지 않을 수 없는바, 민법 제1070조 제1항이 구수증서에 의한 유언은 질병 기타 급박한 사유로 인하여 민법 제1066조 내지 제1069조 소정의 자필증서, 녹음, 공정증서 및 비밀증서의 방식에 의하여 할 수 없는 경우에 허용되는 것으로 규정하고 있는 이상, 유언자가 질병 기타 급박한 사유에 있는지 여부를 판단함에 있어서는 유언자의 진의를 존중하기 위하여 유언자의 주관적 입장을 고려할 필요가 있을지 모르지만, **자필증서, 녹음, 공정증서 및 비밀증서의 방식에 의한 유언이 객관적으로 가능한 경우까지 구수증서에 의한 유언을 허용하여야 하는 것은 아니다.**

04. 고령인 부모님이 치매로 의심된다면 성년후견인 지정을 생각해보자

황혼의 어머니에게 젊은 애인이 생겼다

40여 년째 화랑을 운영하는 황혼애 씨는 미술업계에서 소문난 여장부이다. 무명화가이던 남편을 돕기 위해 화랑을 시작했다가 남편보다 훨씬 유명한 업계의 거물이 되었다. 될성부른 화가를 미리 알아보는 안목이 뛰어났고, 자신의 화랑에 소속된 작가를 단기간에 유명작가로 만드는 마케팅 능력도 있었다. 이런 역량 덕분에 황혼애 씨는 화랑을 운영하는 과정에서 많은 부를 축적하였고, 개인적으로 소유하고 있는 고가의 작품도 상당했다.

자녀인 하나, 두리 씨는 어머니에 대해 감사하고 존경하는 마음을 갖고 있다. 황혼애 씨가 화랑을 시작한 지 얼마 되지 않아 남편은 요절했지만, 황혼애 씨는 재혼도 하지 않고 오직 화랑 운영에만 힘을 쏟았다. 덕분에 자녀들은 물질적으로 부족함이 없이 원하는 것을 모두 누릴 수 있었다.

그러던 중 자녀들은 최근에 어머니에게 애인이 생겼다는 사실을 알게되었다. 상대방은 화랑의 소속작가인 50대의 화사남 씨로 80대인 황혼애 씨와는 무려 30살 이상 차이가 난다. 문제는 황혼애 씨가 젊은 애인이 생긴 후에 돈을 물쓰듯 하기 시작했다는 사실이다. 단지, 돈만 쓰는 것이 아니었다. 황혼애 씨가 소유한 고가의 미술품들이 하나둘씩 사라지기 시작했다. 작품을 어디에 처분했는지 처분대금은 어떻게 했는지 물어봐도 어머니는 기억하지 못했다. 애인인 화사남 씨가 빼돌린 것이 아니냐고 자식들이 추궁하면 황혼해 씨는 불같이 화를 냈다. 자녀들로서는 화사남 씨를 꽃뱀남으로 의심할 만했다.

로레알그룹의 상속녀 릴리안 베탕쿠르와 그녀의 후원(?)을 받은 바니에
[출처] www.purepeople.com

고령인 부모님의 의사결정을 도저히 납득할 수 없다면 성년후견제도를 활용해보자

「성년후견제도」란 질병, 장애, 노령 등에서 비롯된 정신적 제약으로 자신의 재산이나 신상에 관한 사무를 처리할 능력이 결여된 사람의 의사결정 등을 돕기 위해 마련된 제도이다. 자연인 또는 법인을 후견인으로 선임할 수 있으며, 성년자에 대한 후견인은 2인 이상을 선임할 수도 있다.

📖 민법

제9조(성년후견개시의 심판) ① 가정법원은 질병, 장애, 노령, 그 밖의 사유로 인한 정신적 제약으로 사무를 처리할 능력이 지속적으로 결여된 사람에 대하여 본인, 배우자, 4촌 이내의 친족, 미성년후견인, 미성년후견감독인, 한정후견인, 한정후견감독인, 특정후견인, 특정후견감독인, 검사 또는 지방자치단체의 장의 청구에 의하여 성년후견개시의 심판을 한다.
② 가정법원은 성년후견개시의 심판을 할 때 본인의 의사를 고려하여야 한다.

하나 씨와 두리 씨는 어머니의 사리판단능력이 예전과 같지 않다는 점, 어머니의 재산이 자녀들도 모르는 사이에 하나둘 사라지고 있다는 점에 대한 증거자료를 준비해서 법원에 성년후견심판을 신청하면 된다. 하나 씨와 두리 씨는 자녀인 자신들을 어머니의 후견인으로 지정해줄 것을 신청하면 될 것이다.

법원으로부터 성년후견 개시결정이 내려지면 어머니가 후견인의 동의 없이 재산을 처분하는 것이 금지되므로, 화사남 씨가 어머니를 꼬드겨 재산을 빼돌리는 것을 막을 수 있다.

성년후견제도 악용의 위험성, 임의후견계약으로 대비할 필요가 있다

항상 그렇지만 문제는 제도의 악용가능성이다. 부모가 인생의 새로운 반려자를 만나거나 재산을 자선단체에 기부하는 등 정상적인 의사결정을 하였음에도, 부모의 재산에 욕심을 내는 자녀들이 그 효력을 부인하기 위해 성년후견인 지정을 신청하는 경우도 있다. 이런 경우 노화에 따른 자연적인 능력 감소가 치매의 증거로 부풀려지기도 한다. 멀쩡한 부모님을 정신병원에 강제로 입원시키는 패륜이 발생하기도 하고, 남아있는 상속인들 간에 자신에게 유리한 사람을 성년후견인으로 지정하기 위해 법적 분쟁이 발생하기도 한다.

이런 상황을 겪고 싶지 않다면 당사자가 미리 「후견계약」을 체결하는 방법도 가능하다. 이를 「임의후견」이라고도 한다. 피후견인이 향후 자신이 정신적 제약으로 사무를 처리한 능력이 부족할 경우를 대비해서 자신의 사무처리를 맡을 후견인을 지정하는 것이다.

다만, 임의후견계약은 그 정확성을 담보하기 위해 공정증서로 체결해야 하며 등기까지 필요하다. 계약 체결 후 혹시 모를 위조나 변조를 방지하고 계약의 사항을 객관적으로 쉽게 확인할 수 있도록 해 분쟁을 최소화하기 위함이다.

임의후견계약을 체결하였더라도 그 효력이 바로 발생하지는 않는다. 나중에 본인이 사무를 처리할 능력이 부족한 상황에 빠지면, 가정법원이 본인, 배우자, 4촌 이내의 친족, 임의후견인의 청구에 따라 임의후견감독인을 선임하면 그때부터 효력이 발생한다.

📖 민법

제959조의14(후견계약의 의의와 체결방법 등) ① 후견계약은 질병, 장애, 노령, 그 밖의 사유로 인한 정신적 제약으로 사무를 처리할 능력이 부족한 상황에 있거나 부족하게 될 상황에 대비하여 자신의 재산관리 및 신상보호에 관한 사무의 전부 또는 일부를 다른 자에게 위탁하고 그 위탁사무에 관하여 대리권을 수여하는 것을 내용으로 한다.
② 후견계약은 공정증서로 체결하여야 한다.
③ 후견계약은 가정법원이 임의후견감독인을 선임한 때부터 효력이 발생한다.
④ 가정법원, 임의후견인, 임의후견감독인 등은 후견계약을 이행·운영할 때 본인의 의사를 최대한 존중하여야 한다.

롯데그룹 신격호 회장 사건으로
부쩍 관심이 높아진 성년후견제도

고령화 사회가 되면서 치매인구가 폭증하고, 이른바 베이비붐 세대의 은퇴에 따른 상속문제가 이슈가 되면서 자연스럽게 성년후견제도에 대한 관심이 높아지게 되었다. 뭐니뭐니 해도 이 제도에 대한 세간의 인식이 높아진 것은 고 신격호 롯데그룹 총괄회장에 대한 성년후견지정 사건이다.

[출처] JTBC

신격호 회장은 2명의 아들에게 오랜 기간 경영수업을 시켜본 결과, 더 뛰어난 성과를 낸 둘째 아들을 그룹의 후계자로 낙점했다. 그런데 신격호 회장이 아흔을 훌쩍 넘긴 뒤, 첫째 아들이 자신의 잘못을 반성하고 한 번 더 기회를 달라는 취지로 석고대죄를 한 끝에 아버지의 마음을 돌리는데 성공했다.

아버지가 그룹의 후계자를 첫째 아들로 바꾸겠다는 의사결정을 한 것이다. 아버지의 지시를 따르라는 첫째 아들과 이를 받아들일 수 없는 둘째 아들 간에 경영권 다툼이 시작되었다. 이후 이른바 왕자의 난으로 그룹의 치부가 세상에 드러나면서, 신격호 회장과 둘째 아들을 비롯한 가족 상당수가 횡령 등의 혐의로 형사처벌까지 받게 되었다.

위 사건이 진행되는 과정에서 그룹의 후계자를 첫째 아들로 바꾸겠다는 신격호 회장의 의사결정이 온전했는지가 논란이 되었다. 결국 가족들에 의해 신격호 회장에 대한 성년후견신청이 이루어졌고, 법원이 이를 받아들여 공익법인을 성년후견인으로 지정했다. 얼마 되지 않아 신격호 회장은 세상을 떠났으나, 아직까지도 롯데그룹의 형제의 난은 진행 중에 있다.

저자 소개

정인국

- 고려대학교 법학과 졸업
- 사법시험 합격(45회), 사법연수원 수료(35기)
- 미국 공인회계사 시험 합격(Maine State)
- 법무법인 바른, 포스코 법무실
- 조세심판원 국선심판대리인
- 현) 한서법률사무소 변호사/세무사

도정환

- 서강대학교 경제학과 졸업(학사)
- 성균관대학교 경영대학원 졸업(석사)
- 삼일회계법인 감사본부 및 조세본부
- 웅지세무대학교 국제회계과 학과장
- 현) 한서회계법인 이사(공인회계사/세무사)

나 현

- 동국대학교 전자전기공학/회계학 전공
- 공인회계사(CPA)
- 전) 삼일회계법인
- 전) 삼정회계법인
- 현) 한서회계법인

이영욱

- 고려대학교 법학과 졸업(학사, 석사, 박사)
- 사법시험 합격(44회), 사법연수원 수료(34기)
- 대한변협신문에 '변호사25시' 만화 15년째 연재 중
- 「고돌이의 고시생 일기」, 「저작권 별별 이야기」 등 만화책 13권 출간
- 현) 법무법인 감우 변호사, 만화가